ちくま新書

古代豪族　大神氏

——ヤマト王権と三輪山祭祀

鈴木正信
Suzuki Masanobu

古代豪族　大神氏──ヤマト王権と三輪山祭祀【目次】

＊史料中の〈　〉は割注を示す。漢字は原則として常用漢字に統一した。引用・訓読に当たっては、以下を参考にした。

・『古事記』『日本書紀』『風土記』『懐風藻』…日本古典文学大系
・『続日本紀』『万葉集』『日本霊異記』…新日本古典文学大系
・『続日本後紀』『日本文徳天皇実録』『日本三代実録』『令義解』『令集解』…新訂増補国史大系
・『日本後紀』『延喜式』…訳注日本史料
・『大三輪神三社鎮座次第』…大神神社史料
・『新撰姓氏録』…佐伯有清『新撰姓氏録の研究』本文編・考証編一〜六（吉川弘文館、一九六二・一九八一〜八三年）

はじめに

日本で最初に発生した疫病の記録をご存じだろうか。『古事記』『日本書紀』には、次のような伝承が載せられている（詳しくは第一章で取り上げることとし、ここでは両書に共通するストーリーを簡単に紹介しておく）。

崇神《すじん》天皇の時代に、疫病が大流行した。天皇の夢にオオモノヌシという神が現れ、「これは私の意志である。オオタタネコという人物に私を祭らせるならば、疫病は鎮まるだろう」と告げた。そこで、天皇は使者を派遣してオオタタネコを見つけ出し、自分のもとに連れて来させた。オオタタネコは天皇の前で、自分がオオモノヌシの子孫であることを的確に説明した。それを聞いた天皇はオオタタネコを神主に任命し、三輪山においてオオモノヌシを祭った。すると、ようやく疫病は収まり、世の中は平和を取り戻した。このオオタタネコは、のちの大神《おおみわ》氏の祖先である。

三輪山（大神神社提供）

崇神天皇とは、第十代の天皇である。伝承上の人物とされているが、『古事記』では「初《はつ》国知《くにし》らしし御真木天皇《みまきのすめらみこと》」、『日本書紀』では「御肇国天皇《はつくにしらすすめらみこと》」との別名を持つ。いずれも「最初に国を治めた天皇」との意味である。ここから、『古事記』『日本書紀』編纂当時の人々が、崇神天皇の時代を国家形成の画期とする歴史認識を持っていたことが分かる。

古代の人々にとって疫病は、現代の我々よりもはるかに身近であり、死に直結する恐ろしい存在であった。その最初の疫病が、こうした重要な位置づけを与えられた天皇の時代に流行したと伝えられている。このことは、神々を祭り、祟りを鎮め、疫病をコントロールすることが、為政者にとって最重要の政治課題であったことを物語っている。古代において「政事《まつりごと》」（政治）とは、すなわち「祭事《まつりごと》」（祭祀）だったのである。

さて、上記した伝承の舞台となった三輪山は、奈良盆地の南東部にそびえ、美しい円錐形をなす山である。このような形状の山は神奈備《かんなび》と呼ばれ、古くから信仰の対象とされた。山中・山麓には、神の依《よ》り代《しろ》（神が降臨する対象）となる磐座《いわくら》（巨岩）が点在しており、祭祀の原初形態をいまに伝えるものとして、高校日本史の教科書でも紹介されている。

また、三輪山の麓には、のちに大和国一宮となる大神《おおみわ》神社が鎮座している。現在の一般的な神社は、拝殿の後ろに本殿があり、そこに鏡などの神宝が置かれている。しかし、この神社は本殿を持たない。拝殿の奥に設けられた独特な形状の三ツ鳥居を通して、三輪山そのものを御神体と仰いでいる。

この三輪山で疫病鎮静のための祭祀を執行し、のちに大神神社の神職を継承するようになったのが、先の伝承に登場したオオモノヌシやオオタタネコの後裔を称する大神氏という古代豪族である。神社の名前も、氏族の名前も、「大神」と書いて「おおみわ」と読む。多くの人にとって、難読漢字だろう。江戸時代の国学者である本居宣長《もとおりのりなが》（一七三〇〜一八〇一）は『古事記伝』において、ヤマト王権にとって三輪山の神がきわめて重要な存在であり、「神」といえば三輪山の神を指したため、こうした漢字の読みが発生したのではない

大神神社拝殿（大神神社提供）

大神神社三ツ鳥居模型（大神神社提供）

かと述べているが、正鵠を射ているように思われる。

　では、この大神氏とは、ヤマト王権のもとでどのような活躍を見せた氏族だったのだろうか。そして、三輪山ではいったいどのような古代祭祀が行われていたのだろうか。本書では、これらの点について述べることとしたい。

　本題に入る前に、大神氏の呼称について簡単に触れておこう。古代の氏族は、天皇から氏姓《しせい》（ウジナとカバネ）を与えられた。たとえば、六世紀から七世紀前半にかけて権力を振るった蘇我氏は、「蘇我臣《そがのおみ》」という氏姓を有しており、このうち「蘇我」がウジナ、「臣」がカバネである。ウジナとカバネの組み合わせによって、氏族の出自や職掌、王権内での序列などを表す仕組みを氏姓制度と言う。

大神氏の本宗《ほんそう》（氏族の本流となった系統）が称した氏姓は、時代によって異なる。ウジナは、飛鳥時代までは「神《みわ》」「三輪」が用いられ、やや遅れて「大三輪《おおみわ》」の表記が見られるようになり、奈良時代以降は「大神」に統一される。カバネは、もとは「君」を称しており、天武十三年（六八四）に「朝臣《あそん》」を賜った。「君」も「朝臣」も有力氏族に与えられたカバネである。

このように、ウジナの音は「みわ」から「おおみわ」へ、表記は「神」「三輪」から「大三輪」、そして「大神」へ、カバネは「君」から「朝臣」へと、それぞれ変化したことが分かる。本書で扱う時代からすれば、いずれを採用しても誤りではないが、現代では「大神」という呼称が最も広く知られていることから、氏族名は原則として「大神氏」との表記で統一し、カバネは煩を避けるため省略することとした。ただし、大神氏の同族に当たる神直《みわのあたい》氏・神部直《みわべのあたい》氏などのように、カバネの種類や有無が問題となる氏族については、ウジナとカバネを併記した。

また、天皇号成立以前の君主号は「大王《おおきみ》」とするのが正確であるが、読みやすさを考慮して「天皇」に統一した。読みがなや地名比定は、あくまでも便宜的なものである。注では、主要な参考文献のみを挙げた。古代の氏《ウジ》との混同を避けるため、研究者に対する敬称は割愛した。ご容赦願いたい。

第一章

大神氏はどのような道のりを歩んだのか

1 伝承上の大神氏

†『古事記』のオオタタネコ伝承

本章では、大神氏に関する『古事記』『日本書紀』の記事を時系列に取り上げ、この氏族がヤマト王権のもとでどのような活躍を見せたのかを概観したい。最初に登場するのは、「はじめに」でも取り上げたオオタタネコである。この人物が登場する伝承について、さきほどよりも詳しく見ていくこととしよう。

『古事記』崇神段

この天皇の御世に、役病《えやみ》多《さは》に起りて、人民《たみ》死にて尽きむと為《し》き。爾《ここ》に天皇、愁ひ歎きたまひて、神床《かむどこ》に坐《ま》しし夜、大物主大神、御夢に顕《あらは》れて曰《の》りたまひしく、「是は、我が御心《みこころ》ぞ。故《かれ》、意富多多泥古《おおたたねこ》を以ちて、我が御前《みまえ》を祭らしめたまはば、神の気《け》起らず、国安らかに平ぎなむ」とのりたまひき。是《ここ》を以ちて、駅使《はゆまづかい》を四方《よも》に班ちて、意富多多泥古と謂ふ人を求めたまひし時、河内《かわち》の美努村《みののむら》に其の人を見得て貢進《たてまつ》りき。爾に天皇、「汝《な》は誰《た》が子ぞ」と問ひ賜へば、答へて曰《まを》ししく、「僕《あ》は、大物主大神、陶津耳《すえつみみ》命の女、活玉依毘売《いくたまよりびめ》を娶《めと》して生める子、名は櫛御方《くしみかた》命の子、飯肩巣見《いいかたすみ》命の子、建甕槌《たけみかづち》命の子、僕《あ》は意富多多泥古ぞ」と白しき。是に天皇、大《いた》く歓《よろこ》びて詔《みことのり》たまひしく、「天の下平らぎ、人民栄えなむ」とのりたまひて、即ち意富多多泥古命を以ちて神主と為て、御諸山に意富美和《おおみわ》の大神の前を拝《いつ》き祭りたまひき。（略）〈此の意富多多泥古命は、神君《みわのきみ》・鴨君《かものきみ》の祖《おや》なり。〉

この記事によれば、崇神天皇の御代に疫病が大流行して、人民が死に絶えようとした。天皇は愁い嘆いて、神からの託宣を受けるための神聖な床に就いた。するとその夜、オオモノヌシが夢に現れ、「これは私の意志によるものだ。オオタタネコに私を祭らせるならば、神の祟りによる疫病も鎮まり、国は平穏になるだろう」と告げた。そこで、早馬を四

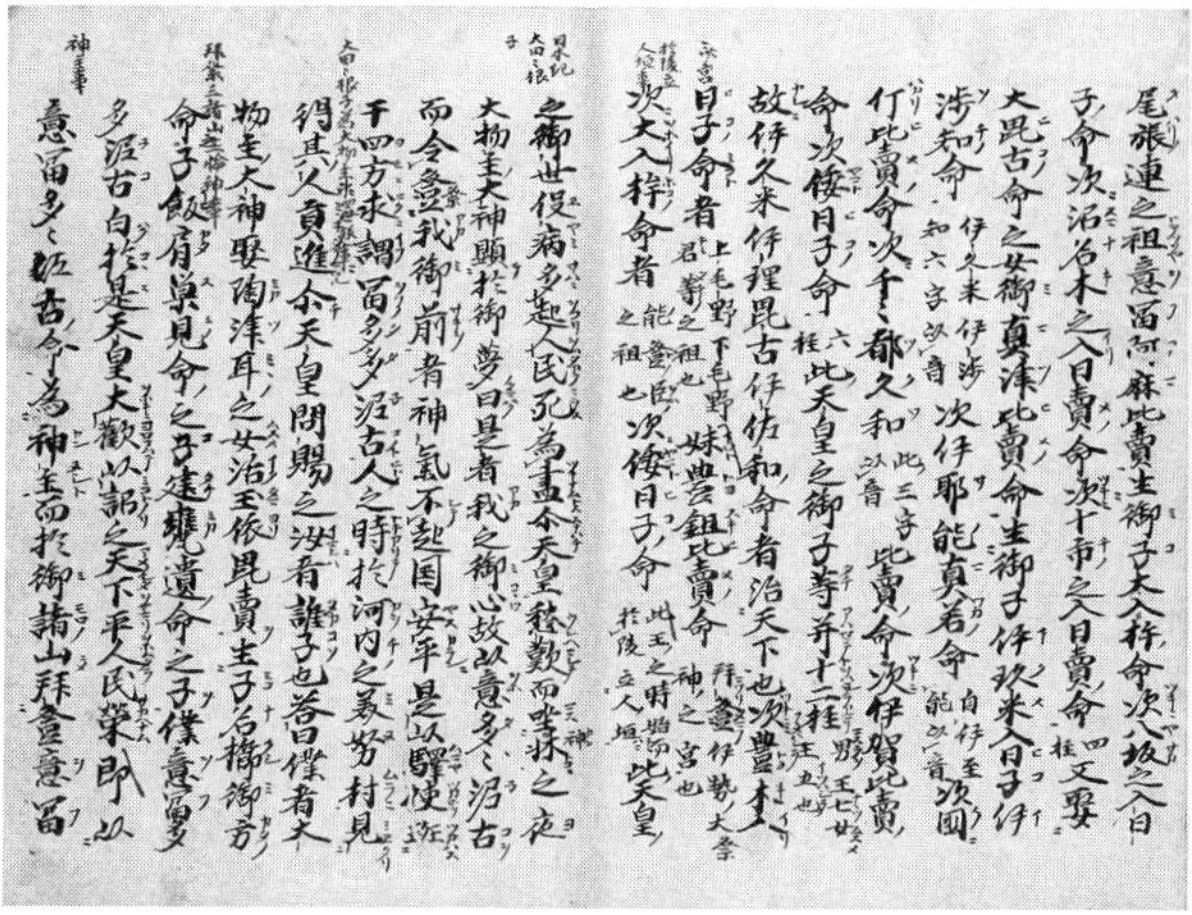
尾張連之祖意富阿麻比賣生御子大入杵命次八坂之入日
子命次沼名木之入日賣命次十市之入日賣命 四柱 又娶
大毘古命之女御真津比賣命生御子伊玖米入日子伊
沙知命 伊久米伊沙知六字以音 次伊耶能真若命 自伊至能以音 次國
片比賣命次千々都久和 此三字以音 比賣命次伊賀比賣
命次倭日子命 六柱 此天皇之御子等并十二柱 男王七女王五也
故伊久米伊理毘古伊佐知命者治天下也次豊木入
日子命者 上毛野下毛野君等之祖也 妹豊鉏比賣命 拜祭伊勢大神之宮也
次大入杵命者 能登臣之祖也 次倭日子命 此王之時始而於陵立人垣 此天皇
之御世役病多起人民死為盡尓天皇愁歎而坐神牀之夜
大物主大神顯於御夢曰是者我之御心故以意富多々泥古
而令祭我御前者神氣不起國安平是以驛使班
于四方求謂意富多々泥古人之時於河内之美努村見
得其人貢進尓天皇問賜之汝者誰子也答曰僕者大
物主大神娶陶津耳命之女活玉依毘賣生子名櫛御方
命之子飯肩巢見命之子建甕槌命之子僕意富多
多泥古白於是天皇大歡以詔之天下平人民榮即以
意富多々泥古命為神主而於御諸山拜祭意富

古事記写本（尊経閣文庫所蔵、尊経閣善本影印集成・八木書店）

方に派遣し、オオタタネコを探させたところ、河内の美努村でその人物を発見し、天皇のもとに連れてきた。

天皇が「お前は誰の子か」と問うと、オオタタネコは「私はオオモノヌシがスミミエツの娘のイクタマヨリビメと結婚して生まれた子の名前がクシミカタ、その子がイカタスミ、その子がタケミカヅチで、その子が私オオタタネコです」と答えた。それを聞いた天皇はとても喜び、「天下は平穏を取り戻し、人民は栄えるだろう」と言った。そこで早速、オオタタネコを神主に任命し、三輪山でオオモノヌシをお祭りした。（略）このオオタタネコは大神氏（神氏）と賀茂氏（鴨氏）の祖先である、という。

†『日本書紀』のオオタタネコ伝承

『日本書紀』崇神五年条、七年二月辛卯条・八月己酉条・十一月己卯条、八年十二月乙卯条にも、同じような伝承が載っている。

『日本書紀』崇神五年条
国内《くにのうち》に疾疫《えやみ》多くして、民《おほみたから》死亡《まか》れる者有りて、且大半《なかばにす》ぎなむとす。

『同』崇神七年二月辛卯条
是の時に、神明《かみ》、倭迹迹日百襲姫命《やまとととひももそひめ》に憑《かか》りて曰はく、「天皇、何ぞ国の治まらざることを憂ふる。若し能く我を敬ひ祭らば、必ず当《まさ》に自平《たひら》ぎなむ」とのたまふ。天皇、問ひて曰はく、「如此《かく》教《のたま》ふは誰《いづれ》の神ぞ」とのたまふ。答へて曰はく、「我は是、倭国《やまとのくに》の域《さかひ》の内に居る神、名を大物主神と為《い》ふ」とのたまふ。時に、神の語《みこと》を得て、教《おしへ》の随《まにま》に祭祀《いはひまつ》る。然れども猶、事に於《し》て験《しるし》無し。天皇、沐浴《ゆかはあみ》・齊戒《ものいみ》して、殿の内を潔浄《きよまは》りて、祈《の》みて曰さく、「朕、神を礼《うやま》ふこと尚未だ尽《ことごとく》ならずや。何ぞ享《う》けたまはぬことの甚しき。冀《ねが》はくは、亦、夢の裏《うち》に教へて、神恩《かみのみうつくしび》を畢《つく》したまへ」とまうす。是の夜の夢に、一《ひとり》の貴人《むち》あり。殿戸に対《むか》ひ立ちて、自ら大物主神と称《なの》りて曰はく、「天皇、復《また》な愁へましそ。国の治らざるは、是、吾が意《こころ》ぞ。若し吾が児、大田田根子《おほたたねこ》を以て、吾を令祭《まつ》りたまはば、立《たちどころ》に平ぎなむ。（略）」とのたまふ。

『同』崇神七年八月己酉条

倭迹速神浅茅《やまととはやかむあさぢ》原目妙姫《はらまくはしひめ》・穂積臣《おづみのおみ》の遠祖大水口宿禰《とほつおやおほみなくちのすくね》・伊勢麻績君《いせのおみのきみ》、三人、共に夢を同じくして、奏《まう》して言《まう》さく、「昨夜《きず》夢みらく、一の貴人有りて、誨《をし》へて曰へらく、『大田々根子命を以て、大物主大神を祭《ゐやま》ふ主《かむぬし》とし、亦、市磯長尾市《いちしのながをち》を以て、倭大国魂神《やまとのおおくにたま》を祭ふ主とせば、必ず天下太平《たひら》ぎなむ』といへり」とまうす。天皇、夢の辞《ことば》を得て、益《ますます》心に歓《よろこ》びたまふ。布《あまね》く天下に告《のたま》ひて、大田田根子を求《ま》ぐに、即ち茅渟県《ちぬのあがた》の陶邑《すえむら》に大田田根子を得て貢る。天皇、即ち親《みずか》ら神浅茅原に臨《いでま》して、諸王卿および八十諸部《やそもろとものを》を会《つど》へて、大田田根子に問ひ曰はく、「汝《いまし》は其れ誰《た》が子ぞ」とのたまふ。対《こた》へて曰さく、「父をば大物主大神と曰す。母をば活玉依媛《いくたまよりびめ》と曰ふ。陶津耳の女なり」とまうす。亦云はく、「奇日方天日方武茅渟祇《くしひかたあまつひかたたけちぬつみ》の女なり」といふ。天皇の曰はく、「朕、栄楽《おひさか》えむとするかな」とのたまふ。乃ち物部連《もののべのむらじ》の祖伊香色雄《いかがしこを》をして、神班物者《かみのものあかつひと》とせむと占ふに、吉《よ》し。

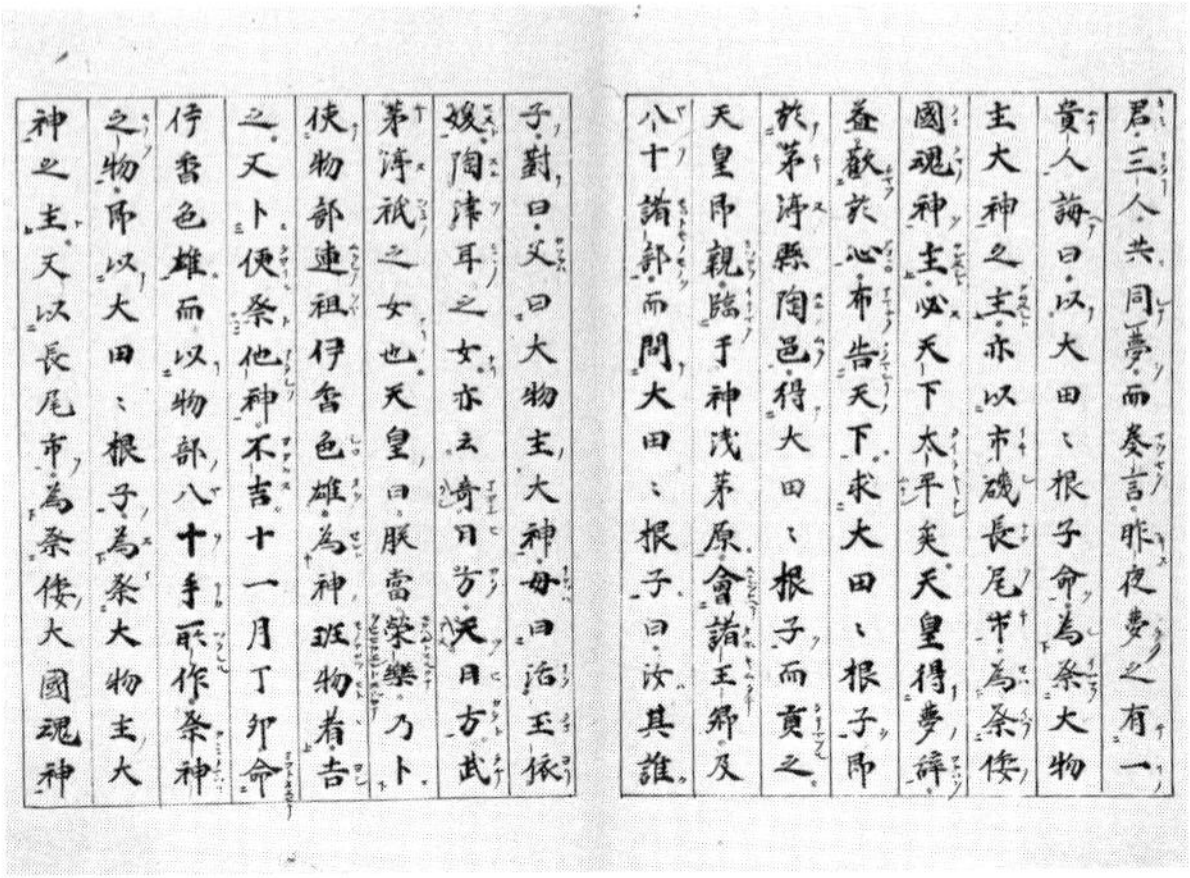
君三人共同夢而奏言昨夜夢之有一
貴人誨曰以大田ヽ根子命為祭大物
主大神之主亦以市磯長尾市為祭倭
國魂神主必天下太平矣天皇得夢辭
益歡於心布告天下求大田ヽ根子即
於茅渟縣陶邑得大田ヽ根子而貢之
天皇即親臨于神浅茅原會諸王卿及
八十諸部而問大田ヽ根子曰汝其誰
子對曰父曰大物主大神母曰活玉依
媛陶津耳之女亦云奇日方天日方武
茅渟祇之女也天皇曰朕當榮樂乃卜
使物部連祖伊香色雄為神班物者吉
之又卜便祭他神不吉十一月丁卯命
伊香色雄而以物部八十手所作祭神
之物即以大田ヽ根子為祭大物主大
神之主又以長尾市為祭倭大國魂神

日本書紀写本（天理図書館所蔵、天理図書館善本叢書・八木書店）

『同』崇神七年十一月己卯条

伊香色雄に命《みことおほ》せて、物部の八十《やそ》平瓮《びらか》を以て、祭神之物《かみまつりもの》と作《な》さしむ。即ち大田田根子を以て、大物主大神を祭《いはひまつ》る主《かむぬし》とす。又、長尾市を以て、倭大国魂神を祭る主とす。然して後に、他神を祭らむと占ふに、吉し。便ち別《こと》に八十万の群神《もろがみ》を祭る。仍りて、天社《あまつやしろ》・国社《くにつやしろ》、及び神地《かんどころ》・神戸《かんべ》を定む。是に、疫病始めて息《や》みて、国内漸《ようやく》に謐《しずま》りぬ。五穀既に成《みの》りて、百姓饒《にぎは》ひぬ。

『同』崇神八年十二月乙卯条

天皇、大田々根子を以て、大神《おほみわのかみ》を祭らしむ。（略）即ち神宮の門を開きて、幸行《いでま》す。所謂《いはゆる》大田々根子は、今の三輪君《みわのきみ》等が始祖《はじめのおや》なり。

話の大筋は『古事記』と共通しているが、『日本書紀』の方がやや詳しい内容になっている。整理すると、以下のようになる。

国内に疫病が多く、人民の半数が死亡するほどだった。ある神がヤマトトトヒモモソヒメに憑依し、「天皇よ。どうして国の治まらないことを憂えるのか。もし私を敬い祭るならば、必ず天下は平穏になるだろう」と告げた。天皇は、「そのように教えてくださるのは、どの神なのでしょうか」と尋ねた。神は、「私は倭国の国内にいる神で、名はオオモノヌシと言う」と答えた。天皇は神の託宣を得て、教えのとおりに祭祀を執り行ったが、一向に効験が現れなかった。

天皇は沐浴・斎戒し、殿中を清浄にして祈り、「私は神を敬うことをまだ十分に尽くしていないのでしょうか。どうしてこれほどまでに、願いを聞き届けていただけないのでしょうか。もう一度、夢の中に現れて教え示し、神の恩恵を十分に尽くしてください」と言った。するとその夜、夢に一人の貴人が現れ、自分からオオモノヌシであると名乗り、「天皇よ。もう心配することはない。国が治まらないのは、私の意志によるものである。もし私の子のオオタタネコに私を祭らせるならば、すぐに平穏になるだろう」と言った。

しばらくして、ヤマトトハヤカムアサヂハラマクワシヒメと、穂積臣の遠祖の大水口宿禰と、伊勢麻績君の三人も同じ夢を見たと天皇に奏上した。天皇は夢のお告げを得て喜び、天下に布告してオオタタネコを探させたところ、茅渟県の陶邑でその人物を発見した。天皇はオオタタネコに向かって、「お前はいったい誰の子か」と問うた。オオタタネコは、「父はオオモノヌシ、母はイクタマヨリビメと申します。母はスエツミミの娘です」と言った。それを聞いた天皇は、「私は栄えるだろう」と言った。早速、物部氏の祖のイカガシコオを神班物者（神への捧げ物を分け与える役職）に任命しようと占ったところ、「吉」であった。

そして、イカガシコオに命じて物部たちが作った祭具を使い、オオモノヌシを祭る神主にオオタタネコを任命し、オオクニタマを祭る神主にナガオチを任命した。さらに、他の神を祭りたいと占ったところ、「吉」であった。そこで、八十万の神々を祭り、天社（天つ神を祭る社）、国社（国つ神を祭る社）、神地（神社に収穫物を納める田）、神戸（神社に税を納める家）を定めた。これによって疫病はようやく鎮まり、国内は平穏になり、五穀もすっかり稔り、人々は豊かになった。

†大神氏の「奉事根原」

これら一連の記事の主眼は、三輪山に住むオオモノヌシが流行させた疫病を、その子孫であるオオタタネコが鎮めたことに置かれている。「オオタタネコ」とは「オオ」「タタ」

「ネコ」の三語より構成される人名で、「オオ」は「大きい」、「タタ」は「祟り」を意味する。「ネコ」とは、持統天皇（大倭根子天之広野日女尊）、文武天皇（倭根子豊祖父天皇）のように、天皇の諡号《しごう》（死後に奉る名前）にも用いられる尊称の一つである。つまり、オオタタネコとは「祟りを鎮める能力を持った偉大な人物」というほどの意味になる。

北條勝貴は、災害の発生→卜占による災害の要因と鎮静方法の察知・祭祀者の探究→あるべき祭祀による災害の終息と恩恵の再獲得、というプロットを持つ伝承を「〈祟り神〉言説」と呼び、祟りを鎮めるための祭祀者・祭祀方法の選定には「社会的通念として一定の選択基準」があり、それに沿って祭祀が更新されると述べているが[1]、的確な指摘だろう。

オオタタネコ伝承の場合は、疫病の流行を受けて天皇が夢占いを行ったことで、この疫病がオオモノヌシの意志によるものであり、オオタタネコを祭祀者とすれば疫病が終息することが教示された。託宣で得た「オオモノヌシの子孫こそが同神を祭る資格を持つ」とする条件（祭祀者の選定基準）に対して、オオタタネコはオオモノヌシから自らに至る系譜を天皇の前で語ることによって、その資格があることを認められ、神主に任命された。そして、オオタタネコによって新たな祭祀方法が開始されることで、疫病の鎮静化を達成した、という文脈になっている。

この話をそのまま史実ととらえることはできないが、そこに語られている内容はフィクションの域に留まらない。なぜなら、『古事記』崇神段や『日本書紀』崇神八年十二月乙卯条には、オオタタネコが大神氏の祖先であることが明記されており、それに対応するように、実際に五世紀から七世紀にかけて三輪山で祭祀が行われていたからである。さらに、大神氏は八世紀以降も大神神社の神職を連綿と継承し、神祇令《じんぎりょう》（国家が行う祭祀に関する法令）に規定される鎮花祭《はなしずめのまつり》の執行を担当した（神祇令3季春条）。鎮花祭とは、春に花が散るのにあわせて疫神が分散して疫病が蔓延するとの信仰から、疫神を鎮めるため執り行われる祭りである。

したがって、この伝承は、オオタタネコの後裔を称する大神氏が、オオモノヌシに対する祭祀を職掌としてヤマト王権に奉仕することの正統性を示す起源伝承になっていると言える。こうした正統性のことを「奉事根原《ほうじのこんげん》」と言う。

†「共通の祖」と「単独の祖」

次に登場する大神氏の人物は、オオトモヌシ（大友主）である。『粟鹿大神元記《あわがのおおかみがんき》』（大神氏の同族に当たる神部直氏の系図）ではオオタタネコの子、『先代旧事本紀』巻四「地祇本紀」ではオオタタネコの孫、『大神朝臣本系牒略《おおみわのあそんほんけいちょうりゃく》』（江戸時代に作られた大神氏の系図）・『三輪高宮家系図』（明治時代に作られた大神氏の系図）では、ともにオオタタネコの三世孫となっている。

『日本書紀』垂仁三年三月条には、

新羅の王の子《こきし》、天日槍《あめのひぼこ》来帰《まうけ》り焉。（略）〈一《ある》に云はく、初め天日槍、艇《はしぶね》に乗りて播磨国に泊《とま》りて、宍粟邑《しさわのむら》に在り。時に天皇、三輪君が祖《おや》大友主と、倭直《やまとのあたい》が祖長尾市《ながをち》とを播磨に遣して、天日槍を問はしめて曰はく、「汝《いまし》は誰人《たれ》ぞ。且《また》、何《いずれ》の国の人ぞ」とのたまふ。天日槍、対《こた》へて曰さく、「僕《やつかれ》は新羅国の主の子《こきし》なり。然れども、日本国《やまとのくに》に聖《ひじりの》皇《きみ》有《ま》すと聞《うけたまは》りて、則ち己が国を弟知《ちこ》に授けて化帰《まうけ》り」とまうす。〉

とあり、新羅から来訪したアメノヒボコを尋問するために、倭直の祖のナガオチとともに播磨へ派遣されたという。また、『日本書紀』仲哀九年二月丁未条には、

天皇、忽《たちまち》に痛身《なや》みたまふこと有りて、明日《くるつひ》に崩《かむあが》りましぬ。時に、年五十二。即ち知りぬ、神の言《みこと》を用ゐたまはずして、早く崩りましぬることを。〈一《ある》に云はく、天皇、親《みずか》ら熊襲を伐ちたまひて、賊《あた》の矢に中《あた》りて崩りましぬといふ。〉是に、皇后及び大臣武《たけし》内宿禰《うちのすくね》、天皇の喪《しな》を匿めて、天下に知らしめず。則ち皇后、大臣及び中臣烏賊津連《なかとみのいかつのむらじ》・大三輪大友主君《おおみわのおおともぬしのきみ》・物部膽咋連《もののべのいくひのむらじ》・大伴武以連《おおとものたけもちのむらじ》に詔《みことのり》して曰はく、「今、天下、未だ天

皇の崩りますのことを知らず。若し百姓《おほみたから》知らずば、懈怠《おこたり》有らむか」とのたまふ。則ち四《よたり》の大夫《まへつきみ》に命《みことおほ》せて、百寮《つかさつかさ》を領《ひき》ゐて、宮中を守らしむ。

とあり、仲哀天皇が崩じた際、神功皇后の命を受けて、中臣烏賊津・物部膽咋・大伴武以らとともに宮中を警護したと伝えられる。この記事では、オオトモヌシが「四大夫」の一人とされている。「大夫」とは、大和王権を構成する諸氏族の中で、政策決定のための合議に参加できるとくに有力な中央豪族層を言う(2)。

ここで問題となるのは、「四大夫」の構成である。この記事で「四大夫」とされているのは、中臣・大神・物部・大伴各氏の人物である。それに対して『日本書紀』朱鳥元年(六八六)九月是日条では、天武天皇の殯《もがり》において石上麻呂が法官《のりのつかさ》(のちの式部省)、大神高市麻呂が理官《おさむるつかさ》(のちの治部省)、大伴安麻呂が大蔵《おおくら》(のちの大蔵省)、藤原大嶋が兵政官《つわもののつかさ》(のちの兵部省)の誄《しのびごと》をそれぞれ奏上したとある。殯とは、死者を埋葬するまでの間、遺体を棺に納めて弔う葬送儀礼(葬儀)であり、その時には高官たちが誄(死者の生前の功徳をたたえて哀悼の意を表す詞)を奏上した。

『日本書紀』朱鳥元年九月是日条には、順番は異なるものの、大神・物部(石上)・大伴・中臣(藤原)の各氏がそろって見えている。また、『日本書紀』仲哀九年二月丁未条には

「大三輪」とあるが、「はじめに」でも述べたとおり、これは天武朝頃から用いられるようになった新しいウジナの表記である。したがって、この記事における「四大夫」の構成には、七世紀末における議政官のそれが反映している可能性が高い。記事内容のすべてが創作であるとは言い切れないが、何らかの潤色が加えられていると判断される。[3]

一方、『日本書紀』垂仁三年三月条には「三輪君」とあり、こちらは天武朝以前の古いウジナの表記を留めている。ちなみに、オオトモヌシと行動をともにしたナガオチは大《おお》倭《やまと》氏の祖とされているが、大倭氏の氏姓は「倭直《やまとのあたい》」→「倭連《やまとのむらじ》」→「大倭連《やまとのむらじ》」→「大倭忌寸《やまとのいみき》」のように変遷した（『日本書紀』天武十年〈六八一〉四月庚戌条など）。『日本書紀』垂仁三年三月条は、大神氏・大倭氏ともに古い氏姓の表記（「三輪君」「倭直」）で記されていることから、天武朝以前に存在していた大神氏・大倭氏の祖先伝承に依拠していると考えられる。

さらに、『日本書紀』垂仁三年三月条では、オオトモヌシは「三輪君の祖」とされているが、『同』崇神八年十二月乙卯条では、オオタタネコも「三輪君等の始祖」と記されている。つまり、オオタタネコは大神氏と他氏族にとっての「共通の祖」であるのに対し、オオトモヌシは大神氏にとっての「単独の祖」ということになる。このことは、大神氏がはじめに祖としていたのはオオトモヌシであり、のちに大神氏が他氏族と同祖系譜を形成した際に、系譜の結節点としてオオタタネコという人物が新たに創り出されたことを示している（第五章）。

2　大神氏の勃興

†実在した最初の大神氏

五世紀代の大神氏として最初に登場するのは、三輪身狭《むさ》である。『日本書紀』雄略即位前紀（安康三年十月是月条）には、

御馬皇子《みまのみこ》、会《いむさき》より三輪君身狭《みわのきみむさ》に善《うるは》しかりしを以ての故に、慮遣《みこころや》らむと思欲《おもほ》して往《い》でます。不意《おもひのほか》に、道に邀軍《たふるいくさ》に逢ひて、三輪の磐井の側《ほとり》にして逆戦《あひたたか》ふ。久にあらずして捉はる。刑《つみ》せらるるに臨みて、井を指して詛《とご》ひて曰はく、「この水は、百姓《おほみたから》のみ唯《ただ》飲むことを得む。王者は独《ひとり》飲むこと能《あた》はじ」といふ。

とある。この記事の前に置かれた雄略即位前紀（安康三年八月是日条・十月癸未条）には、大《おお》

泊瀬皇子《はつせ》（のちの雄略天皇）が皇位継承をめぐって、自らの同母兄にあたる八釣白彦皇子《やつりのしろひこ》・坂合黒彦皇子《さかあひのくろひこ》や、御馬皇子の同母兄にあたる市辺押磐皇子《いちのべのおしは》など、同世代の皇子を次々と殺害したことが記されている。

それを受けてこの記事では、御馬皇子が自分の身に危険が及ぶことを察知し、かねてから親交のあった身狭のもとへ協力を求めるために向かおうとしたところ、途中で大泊瀬皇子の軍勢に待ち伏せされ、三輪の磐井（奈良県桜井市岩坂）の地で戦ったが敗れて捕らえられた。そして、処刑されるに及んで近くの井戸に呪いをかけた、という内容になっている。

ここから、次の二点が指摘できる。

第一に、身狭以前に『古事記』『日本書紀』に登場したオオタタネコやオオトモヌシは、いずれも大神氏の「祖」とされていた（『古事記』崇神段、『日本書紀』崇神八年十二月乙卯条・垂仁三年三月条）。それに対して、身狭には「祖」の記載がなく、これ以降の人々にも「祖」とは記されていない。また、『大神朝臣本系牒略』では身狭の前の代まで語尾に「命」が付されているのに対し、身狭以降は付されていない。このように、身狭とそれ以前の人物との間には実在性に段階差があることから、身狭は大神氏の中で最初に実在した人物であると考えられる。

なお、近年の研究では、氏族という集団の成立は六世紀前半頃と見るのが一般的である。(4)

よって、雄略天皇の時代（五世紀後半）には、大神氏（「神」「三輪」「大三輪」のウジナや、「君」のカバネを名乗る集団）は未成立であったことになるが、その前身集団（のちに大神氏として組織化・伝承化される集団）は、すでに存在していたと見て差し支えないだろう。

第二に、この記事には身狭や三輪の磐井など具体的な人名・地名が見えることから、大神氏の祖先伝承をまとめた記録をもとに執筆されたとする説が出されている。[5] ただし、大神氏の記録から出たのであれば、大泊瀬皇子と御馬皇子の皇位継承争いが話の本筋として描かれ、肝心の身狭が単なる脇役で登場するのは不自然である。

そこで、同じく天皇の飲食の禁忌に関わる伝承と比較してみよう。『日本書紀』武烈《ぶれつ》即位前紀は、武烈天皇と大伴金村《おおとものかなむら》が平群真鳥《へぐりのまとり》を討伐した伝承である。この記事では、大伴金村の兵に邸宅を囲まれた平群真鳥が、もはや逃げられないことを悟り、塩を呪って死んだ。ただし、角鹿《つぬが》（福井県敦賀市）の塩だけは忘れて呪わなかった。そのため角鹿の塩は天皇の食用となり、ほかの産地の塩は天皇の忌むところとなった、とある。真鳥は塩に呪いをかけた後で殺害されており、真鳥による呪詛行為が、角鹿の塩のみが天皇の食膳に用いられたことの説明になっている。

それに対して『日本書紀』雄略即位前紀は、御馬皇子が三輪磐井の水を詛った結果、天皇にいかなる影響があったのかについて言及していない。それどころか、御馬皇子が処刑されたのかどうかすら定かでない。この点は、大泊瀬皇子が討伐したほかの皇子たちの描写と比較すれば、きわめて対照的である。八釣白彦皇子・坂合黒彦皇子・市辺押磐皇子らは、いずれも大泊瀬皇子によって殺害されたことが明記されている。

とするならば、『日本書紀』雄略即位前紀のもとになった原伝承には、続きの内容があった可能性が高い。そこには井戸を呪詛したことの顚末や、身狭の活躍なども語られていたが、『日本書紀』の編纂段階で皇位継承争いに関わる部分のみが抜粋・載録され、それ以外の部分は削除されてしまったのだろう。こうした経緯を想定するならば、身狭がとくに何の役割も果たさない脇役として描かれている点についても理解できる。

以上の二点から、大神氏（の前身集団）が五世紀後半頃には氏族としてのまとまりを形成し始めており、皇位継承争いにも関わるなど、王権内で一定の地位を占めていたことがうかがえる。

†少子部蜾蠃の伝承

雄略天皇の時代には、大神氏に関係する伝承が集中している。ここでは、三つの記事を取り上げたい。まず、『日本書紀』雄略七年七月丙子条には、天皇、少子部連蜾蠃《ちいさこべのむらじすがる》に詔して曰はく、「朕、三諸岳《みもろのをか》の神の形を見むと欲《おも》ふ。〈或ひは云はく、此の山の神をば、大物主神と為《い》ふといふ。（略）〉汝、膂力《ちから》人に過ぎたり。自ら行きて捉へて来《もうこ》」とのたまふ。蜾蠃、答へて曰はく、「試みに往《まい》りて捉へむ」とまうす。乃ち三諸岳に登り、大蛇《をろち》を捉取《とら》へて、天皇に示《み》せ奉る。天皇、斎戒《ものいみ》したまはず。其の雷《かみ》虺虺《ひかりひろめ》きて、目精《まなこ》赫赫《かがや》く。天皇、畏《かしこ》みたまひて、目を蔽《おほ》ひて見たまはずして、殿中に却《かく》入れたまひぬ。岳に放たしめたまふ。仍《よ》りて、改めて名を賜ひて雷《いかづち》とす。

とある。すなわち、雄略天皇が三輪山（三諸岳）の神を見たいと思い、少子部蜾蠃という人物にこれを捕らえて来るように命じた。蜾蠃は三輪山に登って大蛇を捕らえ、天皇に献上しようとした。しかし、天皇は斎戒していなかったため、大蛇は雷を鳴らし、その目を爛々《らんらん》と光らせた。驚いた天皇は殿中に退き、そのまま大蛇を三輪山に放させた。そして、少子部蜾蠃に「雷」という名を賜った、という。

　この記事の描写からは、三輪山に神が住んでおり、その正体は大蛇であると認識されていたことが分かる。また、大蛇が天皇に対して威嚇を行い、天皇はその姿を見ることができなかったことは、『日本書紀』崇神七年二月辛卯条（前掲）のオオタタネコ伝承において、崇神天皇が自らオオモノヌシを祭っても効験が得られなかったことを彷彿とさせる。

少子部蜾蠃（前賢故実・国立国会図書館）

記事の末尾に見える「雷」については、二通りの解釈がある。少子部蜾蠃が「少子部雷」に改名したとするものと、三輪山が「雷丘」に改名したとするものである。『新撰姓氏録』山城国諸蕃　秦忌寸条には「小子部雷」とあり、前者を採用している。一方、『日本霊異記』上巻第一縁には、同じように少子部蜾蠃が大蛇を捕らえる話が載録されているが、こちらは三輪山とは関係がなく、飛鳥の雷丘《いかづちのおか》（奈良県高市郡明日香村雷）の地名起源伝承となっており、後者を採用している。すでに平安時代には、二通りの解釈が行われていたことが確認できる。

そこで注目したいのは、次の記事である。『日本書紀』雄略六年三月丁亥条には、天皇、后妃《きさきひめ》をして親《みずか》ら桑《くは》こかしめて、蚕《こかひ》の事を勧めむと欲す。爰《ここ》に、蜾蠃〈蜾蠃は、人の名なり。此をば須我屢《すがる》と曰ふ。〉に命《みことおほ》せて、国内の蚕《こ》を聚《あつ》めしめたまふ。是に、蜾蠃、誤りて嬰児《わかご》を聚めて、天皇に奉献《たてまつ》る。天皇、大きに咲《みゑら》ぎたまひて、嬰児を蜾蠃に賜ひて曰はく、「汝、自ら養へ」とのたまふ。蜾蠃、即ち嬰児を宮の墻《みかき》の下に養《ひだ》す。仍りて、姓《かばね》を賜ひて少子部連と為《な》す。

とある。この記事は『日本書紀』雄略七年七月丙子条の前に置かれており、同じく少子部蜾蠃が登場する。こちらでは、雄略天皇が皇后に養蚕（蚕を飼育することを「こかひ」と言う）を行わせるため、蜾蠃に命じて全国から「蚕」を集めさせたが、「蚕」と「児」（子ども）はともに「こ」という音であるため、蜾蠃は誤解して「児」を集めて献上した。そこで、天皇は蜾蠃に子供たちを与えて養育させ、それにちなんで「少子部連」という氏姓を賜った、とある。

　二つの記事の末尾を比較すれば、雄略六年三月丁亥条では「姓を賜ひて少子部連と為す」とあるのに対し、雄略七年七月丙子条では「名を賜ひて雷とす」とあり、両者は対応していることが分かる。つまり、二つの記事はともに少子部氏の祖伝伝承から出たものであり、前者は少子部蜾蠃の氏姓（少子部連）、後者は個人名（蜾蠃）の由来をそれぞれ述べたものと考えられる。(6) したがって、「雷」という名前を賜ったのは、三輪山ではなく、少子部蜾蠃であることが明らかである。『日本霊異記』上巻第一縁は、『日本書紀』雄略六年三月丁亥条と雄略七年七月丙子条の対応関係が意識されなくなった時代に、新たな解釈が加えられたのだろう。

†衣縫兄媛と引田部赤猪子の伝承

次に、『日本書紀』雄略十四年三月条には、

> 臣連に命《みことおほ》せて、呉の使《つかひびと》を迎ふ。即ち呉人を檜隈野《ひのくまの》に安置《はべ》らしむ。因りて呉原《くれはら》と名く。衣縫《きぬぬひ》の兄《え》媛《ひめ》を以て、大三輪神に奉る。弟媛を以て漢衣縫部《あやのきぬぬひべ》とす。漢織《あやはとり》・呉織《くれはとり》の衣縫は、是、飛鳥衣縫部《あすかのきぬぬひべ》・伊勢衣縫《いせのきぬぬひ》が先《おや》なり。

とある。この記事によれば、雄略天皇の時代に、衣縫兄媛なる人物を三輪山の神に奉仕させたという。このことから、五世紀後半には三輪山の神が信仰され、祭祀が執り行われていたことがうかがえる。

これ以前の三輪山祭祀に関する記事は、いずれも伝承の域に留まるものであった。しか

し、『古事記』『日本書紀』に登場する大神氏の中で実在した可能性が高まるのは、雄略朝にその名前が見える身狭からである。また、三輪山麓の祭祀遺跡群から出土した遺物は、その大半が五世紀後半から六世紀中葉の年代を示すことが報告されている（第七章）。よって、この『日本書紀』雄略十四年三月条は、三輪山での祭祀が実際に行われていたことを伝える最も古い記事であると言える。

次に、『古事記』雄略段には、

亦一時《またあるとき》、天皇遊び行でまして、美和《みわ》河に到りましし時、河の辺に衣《きぬ》洗へる童女《をとめ》有りき。其の容姿甚麗《かたちいとうるは》しかりき。天皇、其の童女に問ひたまひしく、「汝《な》は誰《た》が子ぞ」ととひたまへば、答へて白《まを》ししく、「己が名は引田部赤猪子《ひきたべのあかいこ》と謂ふぞ」とまをしき。爾に詔らしめたまひしく、「汝は夫《を》に嫁《あ》はざれ。今喚《め》してむ」とのらしめたまひて、宮に還り坐しき。故《かれ》、其の赤猪子、天皇の命を仰ぎ待ちて、既に八十歳《やそとせ》を経き。是に赤猪子以為《おも》ひけらく、「命を望《おふ》ぎし間に、已に多《まね》き年を経て、姿体《すがた》痩せ萎みて、更に恃《たの》む所無し。然れども待ちし情《こころ》を顕さずては、悒《いぶせ》きに忍びず」とおもひて、百取《ももとり》の机代《つくえしろ》の物を持たしめて、参出《まゐで》で貢献《たてまつ》りき。然るに天皇、既に先に命《の》りたまひし事を忘らして、其の赤猪子に問ひて曰《の》りたまひしく、「汝は誰《たれ》しの老女《おみな》ぞ。何由以《なにしかも》参来《まゐき》つる」とのりたまひき。爾に赤猪子、答へて白ししく、「其の年の其の月、天皇の命を被《かがふ》りて、大《おお》命《みこと》を仰ぎ待ちて、今日に至るまで八十歳を経き。今は容姿既に耆《お》ひて、更に恃む所無し。然れども己が志を顕し白さむとして参出しにこそ」とまをしき。是に天皇、大《いた》く驚きて、「吾は既に先の事を忘れつ。然るに汝は志を守り命を待ちて、徒《ただ》に盛りの年を過ぐしし、是れ甚愛《いとか》悲《な》し」とのりたまひて、心の裏に婚《まぐは》ひせむと欲《おも》ほししに、其の極めて老いしを憚りて、婚ひを得成したまはずて、御歌を賜ひき。其の歌に曰《い》ひしく、

　御諸の　厳白檮《いつかし》がもと　白檮がもと　ゆゆしきかも　白檮《かし》原《はら》童女

といひき。又、歌曰《うた》ひたまひしく、

　引田の　若栗栖《わかくるす》原《はら》　若くへに　率寝《ゐね》てましもの　老いにけるかも

とうたひたまひき。爾に赤猪子の泣く涙、悉に其の服《け》せる丹摺《にずり》の袖を湿《ぬ》らしつ。其の大御歌に答へて歌曰ひけらく、

　御諸に　つくや玉垣　つき余し　誰にかも依らむ　神の宮人

とうたひき。又、歌曰ひけらく、

　日下江《くさかえ》の　入江の蓮《はちす》　花蓮《はなばちす》　身の盛り人　羨《とも》しきろかも

とうたひき。爾に多《あまた》の禄《もの》を其の老女に給ひて、返し遣はしたまひき。

とある。これは、引田部赤猪子の伝承である。雄略天皇が美和川を通った際、引田部赤猪子という女性が川辺で衣服を洗っていた。天皇は赤猪子に対して、自分の妻に迎えるので未婚のままでいるよう伝えた。その後、赤猪子は天皇からの連絡を待っていたが、何の音沙汰もないまま八十年が過ぎた。赤猪子は自分の思いを伝えるため参内したが、天皇は彼女のことを覚えていなかった。赤猪子が事情を説明すると、天皇はたいそう驚き、自分を長年待っていたことを不憫に思って歌を賜った。感動した赤猪子も返歌を送った。そして、天皇は赤猪子に多くの賜物を与えたという。

天皇と赤猪子が出会った美和川とは、初瀬川の中でも三輪山の南西麓付近の流れを指す（『万葉集』九―一七七〇・一七七一題詞）。また、引田部赤猪子の「引田」は、大神氏の同族である大神引田氏が本拠を構えた大和国城上《しきのかみ》郡辟田《ひきた》郷に関係すると見られる（第二章）。

ここで留意したいのは、歌謡の中で赤猪子が巫女にたとえられている点である。計四首のうち、第一首で天皇は赤猪子のことを、三輪山に生えている橿の木のように神聖で近づくことができない「御諸の」「白檮原童女」と詠んでいる。第三首でも赤猪子が自身のことを、三輪山に玉垣を築き、神のもとを離れず長年奉仕してきた「神の宮人」と詠んでいる。これらの表現からは、雄略天皇の時代に三輪山とそこに生える樹木が神聖視されていたことや、三輪山で行われる祭祀に未婚の女性が奉仕していたことが読み取れる。

もっとも、上記の四首は天皇と赤猪子が互いに婚姻できなかった理由を、比喩的に詠んだものに過ぎない。実際に両者の間で交わされたのではなく、本来は独立して詠まれた歌であったと思われる。しかし、たとえそうであったとしても、三輪山に対する神聖視や、祭祀に携わる女性への禁忌の念が雄略朝から存在していたと『古事記』の編者は認識しており、それが読み手にも共有されていたからこそ、上記の四首はこの箇所に挿入されたと考えられる。この記事が雄略朝にかけられていることは、やはり五世紀後半の三輪山において祭祀が行われていたことを示すものと言えよう。

†「四月祭」の起源

『古事記』『日本書紀』には見えないが、『大神朝臣本系牒略』『三輪高宮家系図』には、身狭の子として三輪特牛《ことひ》が記載されている。両書の特牛の尻付《しづけ》（系図の人名に付された注記）には、以下のようにある。

『大神朝臣本系牒略』特牛尻付
欽明天皇元年四月辛卯、大神を祭らしむ。四月祭の始めか。〈字類抄。〉

『三輪高宮家系図』特牛尻付

金刺宮御宇元年四年辛卯、大神を祭らしむ。是、四月祭の始めなり。

ここに見える「四月祭」とは、四月と十二月に大神神社で執り行われる大神祭《おおみわさい》を指す（『延喜式』内蔵寮8大神祭条など）。つまり、特牛の尻付は、欽明元年（五四〇）に特牛が三輪山の神に対する祭祀を行ったことが、のちの大神祭の起源になったと説いている。ただし、この記事の出典や信憑性については、不明な点も残されている。詳しくは第七章で述べることとしたい。

3　大神氏の台頭と衰退

†大神氏と「崇仏・廃仏論争」

次に登場する大神氏は、三輪逆《さかう》である。『大神朝臣本系牒略』『三輪高宮家系図』では、特牛の子とされている。『日本書紀』敏達十四年（五八五）六月条には、

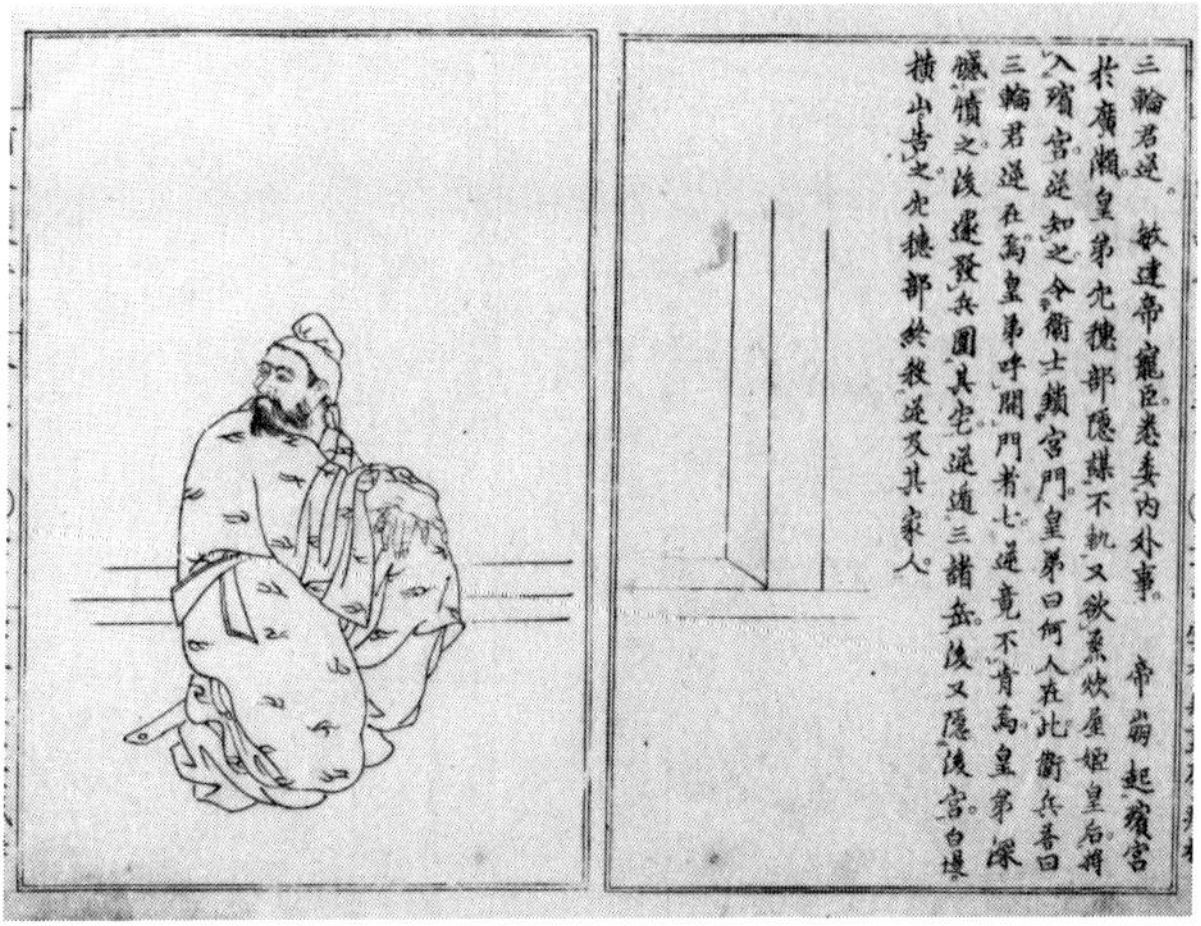

三輪逆（前賢故実・国立国会図書館）

馬子宿禰《うまこのすくね》、奏して曰《まう》さく、「臣の疾《やまひ》病《おも》りて、今に至るまでに愈《い》えず。三宝の力を蒙らずは、救ひ治むべきこと難し」とまうす。是に、馬子宿禰に詔して曰はく、「汝独《ひと》り仏法を行うべし。余人《あたしひと》を断《や》めよ」とのたまふ。乃ち三《みたり》の尼を以て、馬子宿禰に還して付《さづ》く。馬子宿禰、受けて歓悦《よろこ》ぶ。未曾有《めづらしきこと》と嘆きて、三の尼を頂礼《をが》む。新に精舎《みてら》を営《つく》りて、迎へ入れて供養《いたはりやしな》ふ。〈或本《あるふみ》に云はく、物部弓削守屋大連《もののべのゆげのもりやのおおむらじ》・大三輪逆君《おほみわのさかふのきみ》・中《なか》臣磐余連《とみのいわれのむらじ》、倶に仏法を滅さむと謀りて、寺塔を焼き、并《あはせ》て仏像を棄《す》てむとす。馬子宿禰、諍《あらが》ひて従はずといふ。〉

とある。この記事によれば、敏達天皇から

仏教を信仰することを認められた蘇我馬子が、精舎を建立して三人の尼を迎え入れたが、物部守屋・中臣磐余・三輪逆らがこれに反抗し、馬子の建立した寺や塔を焼いて仏像を廃棄しようとしたという。

これは「崇仏・廃仏論争」（仏教を受容するか否かをめぐる論争）に関係する記事の一つとして位置づけられており、仏教の受容に積極的な蘇我氏と、否定的な物部氏・中臣氏・大神氏との対立があったと理解されてきた。しかし、近年では「崇仏・廃仏論争」そのものの存在が疑問視されている。この記事も『日本書紀』編者の歴史認識にもとづいて、神祇祭祀に深い関わりを持つ氏族が一括記載されたに過ぎず、史実をそのまま伝えたものではないと考えられる。(7) ここで大神氏の氏姓が「大三輪君」と表記されていることも、この記事に後から手が加えられたことを物語っている。

†敏達天皇の寵臣として台頭

次に、『日本書紀』敏達十四年八月己亥条には、

天皇、病彌留《おも》りて、大殿に崩りましぬ。是の時に、殯宮《もがりのみや》を広瀬に起《た》つ。（略）三輪君逆は、隼人《はやと》をして殯の庭を相距《ふせ》かしむ。穴穂部皇子《あなほべのみこ》、天下《あめのした》を取らむとす。発憤《むつか》りて

称《ことあげ》して曰はく、「何の故にか死《す》ぎたまひし王の庭に事《つか》へまつりて、生《たひらか》にます王の所に事へまつらざらむ」といふ。

とあり、『日本書紀』用明元年（五八六）五月条には、

穴穂部皇子、炊屋姫皇后《かしきやひめのきさき》を奸《をか》さむとして、自ら強ひて殯宮に入る。寵臣三輪君逆、乃ち兵衛《ひょうえ》を喚《め》して、宮門を重璅《さしかた》めて、拒《ふせ》きて入れず。穴穂部皇子、問ひて曰はく、「何《なに》人《ひと》か此に在《はべ》る」といふ。兵衛、答へて曰はく、「三輪君逆在り」といふ。七たび「門開け」と呼《よば》ふ。遂に聴《ゆる》し入れず。是に、穴穂部皇子、大臣と大連に謂《かた》りて曰はく、「逆、頻《しきり》に礼《ゐや》無し。殯庭にして誄《しのびごとたてまつ》りて曰さく、『朝廷荒さずして、浄《きよ》めつかへまつること鏡の面の如くにして、臣《やつかれ》、治め平《む》け奉仕《つかえまつ》らむ』とまうす。即ち是、礼無し。方《まさ》に今、天皇の子弟、多《さは》に在《まします》す。両《ふたり》の大臣侍り。詎《たれ》か情《こころ》の恣《ほしきまま》に、専奉仕《たくめつかへまつ》らむと言ふこと得む。又、余《われ》、殯《もがりのみや》の内を観《み》むとおもへども、拒きて聴《ゆる》し入れず。自ら『門を開けよ』と呼へども、七廻応《たびこた》へず。願はくは斬らむと欲《おも》ふ」といふ。両の大臣の曰さく、「命の随《まにま》に」とまうす。是に、穴穂部皇子、陰《ひそか》に天下に王たらむ事を謀りて、口に詐《いつは》りて、逆君を殺さむといふことを在《たも》てり。遂に物部守屋大連《もののべのもりやのおおむらじ》と、兵を率《ゐ》て磐余《いはれ》の

池辺を囲繞《かく》む。逆君知りて、三諸岳に隠れぬ。是の日の夜半に、潜《ひそか》に山より出でて、後宮に隠る。〈炊屋姫皇后の別業《なりどころ》と謂ふ。是を海石榴市宮《つばきいちのみや》と名《なづ》く。〉逆の同姓白堤《しらつつみ》・横山、逆君が在る処を言《つげまう》す。穴穂部皇子、即ち守屋大連を遣《や》りて〈或本に云はく、穴穂部皇子と泊瀬部皇子と、相計《あひたまか》りて物部大連を遣るといふ。〉曰はく、「汝往きて、逆君并《あわせ》て其の二《ふたり》の子を討《ころ》すべし」といふ。大連、遂に兵を率て去《ゆ》く。（略）大連、良久《やや》しくして至れり。衆《いくさ》を率て報命《かへりことまう》して曰さく、「逆等を斬り訖《をは》りぬ」とまうす。〈或本に云はく、穴穂部皇子、自ら行きて射殺《いころ》すといふ。〉是に、馬子宿禰《そがのうまこのすくね》、惻然《いた》み頽歎《なげ》きて曰はく、「天下の乱は久しからじ」といふ。大連、聞きて答へて曰はく、「汝小《いましこ》臣《まへつきみ》が識《し》らざる所なり」といふ。〈此の三輪君逆は、訳語田《おさだ》天皇の寵愛《めぐ》みたまひし所なり。悉に内外《うちと》の事を委ねたまひき。是に由りて、炊屋姫皇后と馬子宿禰と、倶に穴穂部皇子を発恨《うら》む。〉

とある。これらは、逆が敏達天皇の殯宮を守衛した記事である。

前者によれば、逆が隼人（王権に服属した九州南部の人々）を率いて敏達天皇の殯宮を警護した時、皇位を狙っていた穴穂部皇子は、逆に対してなぜ「死ぎたまひし王」（敏達天皇）に奉仕し、「生にます王」（穴穂部皇子）に奉仕しないのかと憤った、という。

一方、後者の記事には、穴穂部皇子が敏達天皇の殯宮に侵入を試みたが、逆は兵衛（宮門の警護に当たる武官）を率いて殯宮を警護し、これを防いだ。門の中にいる逆に対して、穴穂部は開門するよう七回叫んだが、逆は応じなかった。そのため穴穂部は蘇我馬子と物部守屋に逆の無礼を告げ、物部守屋を逆の討伐に向かわせた。これを聞いた逆は、まず三輪山の山中に隠れ、ついで炊屋姫皇后（のちの推古天皇）の別業（本宅以外の屋敷）に身を隠した。

しかし、同姓の白堤・横山が逆の居場所を密告した。穴穂部は守屋に逆を殺害するよう命じ、逆のもとに再び軍勢を向かわせた。その後、守屋が帰還し、逆を殺害したことを報告した。そして末尾には、逆は敏達天皇の寵愛するところであり、悉く内外のことを委ねられていた。穴穂部が逆を討ったことによって、炊屋姫皇后と蘇我馬子はともに穴穂部を恨んだ、とある。

とくに後者の記事には「寵臣」や「訳語田天皇の寵愛みたまひし所」とあり、逆が敏達天皇に重用されていたことが分かる（訳語田天皇とは敏達天皇を指す）。逆の死を聞いた炊屋姫皇后と蘇我馬子が、天下が乱れることを危惧したとあることからも、逆が当時の政局で大きな役割を果たしていたことがうかがえる。

ちなみに、二つの記事では、大神氏の氏姓は「三輪君」と表記されていることから、こ

率川神社

れらは天武朝以前に成立した原資料に拠ったと推測される。『日本書紀』敏達十四年六月条では、物部氏・中臣氏と一括して扱われていたが、敏達十四年八月己亥条・用明元年（五八六）五月条では物部氏らと連携しておらず、むしろその物部氏によって逆は攻め滅ぼされている。さらに、炊屋姫皇后と蘇我馬子が、逆殺害の首謀者である穴穂部皇子を恨んだとあることから、逆は物部氏・中臣氏とではなく、むしろ天皇家や蘇我氏と近い関係にあったと見られる。

このように逆が台頭した背景としては、内廷（後宮）との結びつきが指摘できる。(8)敏達六年（五七七）、皇妃の経済基盤として私部《きさいべ》が設置されたが（『日本書紀』敏達六年二月甲辰条）、大神氏には大神私部氏という同族がいる。この氏族は、各地に設置された私部を中央で統轄する役目を担っており、大神氏は自らの一族から私部の管理者を輩出することで、内廷と深い関係を結ぶに至ったと考えられる（第二章）。

また、用明元年五月条では、逆の居場所を密告した人物として、白堤・横山の二人の名が挙げられている。両者は逆の「同姓」とされていることから、大神氏の中でも傍流に当たり、六世紀中葉には大神氏が複数の系統に分かれていたことが知られる。横山はほかに見えないが、白堤は推古朝に大神神社の摂社である大和国添上郡の率川《いさがわ》神社（奈良県奈良市本子守町）を創祀した人物とされている（『大倭神社註進状』所引「大神氏家牒」など）。逆の死後、白堤の系統は大神氏の中で一時的に主導権を握ったのかもしれないが、本宗に取って替わるほどの勢力を獲得するには至らず、のちに三輪山麓から大和国添上郡へと本拠を移したのだろう。

†勢力の衰退

逆の後に『日本書紀』に登場する人物としては、三輪小鷦鷯《おさざき》が挙げられる。『大神朝臣本系牒略』では逆の弟、『三輪高宮家系図』では逆の子とされている。『日本書紀』舒明八年（六三六）三月条には、悉に、采女《うねめ》を奸《おか》せる者を劾《かむが》へて、皆罪《つみ》す。是の時に、三輪君小鷦鷯、其の推鞫《かむが》ふることを苦しみて、頸《くび》を刺して死ぬ。

とあり、采女と姦通した者の取り調べが行われた際、小鷦鷯はその取り調べを苦に自害したという。采女とは、地方豪族から貢納された容姿端麗かつ教養のある女性で、天皇に近侍して食膳などに奉仕した。天皇の妻妾となる者も多く、一般の男性が関係を持つことは許されていなかった。小鷦鷯が本当に采女と姦通したのか、はたまた無実の罪を着せられ、身の潔白を主張するために自ら命を断ったのかは不明である。ただし、そうした嫌疑がかけられた背景には、前述のとおり大神氏が内廷と深い関わりを持っていたことがあったのだろう。

そして、逆が殺害されてから小鷦鷯が登場するまで、大神氏の人物の活躍はおよそ五十年にわたって全く伝えられていない。このことは、逆の死を契機として大神氏の勢力が衰退し、王権内での政治的地位が著しく低下したことを示している。『日本書紀』用明元年五月条では、穴穂部皇子が物部守屋に対して「逆君并て其の二の子を討すべし」と命じており、復命した守屋も「逆等を斬り訖りぬ」と奏上している。このように、逆だけでなくその二人の子まで殺害されたことも、大神氏が低迷する要因になったと推測される。

なお、逆と小鷦鶉に関しては、三輪山麓に築造された茅原狐塚《ちはらきつねづか》古墳（奈良県桜井市茅原）が注目される。この古墳は、一辺が約四〇mの方墳であり、全長一七・三二m、玄室の長さ六・〇三mという全国屈指の巨大石室を持つ。盗掘を受けているため副葬品は少ないが、須恵器の杯や直刀片などが残されていた。石室内部には計三基の石棺が置かれている。さらに、羨道中央部から長さ約二三〜二六cmの鉄釘六本が出土したことや、羨道入口東側面が三・五二mにわたって小石積みとなっていることから、築造後に木棺が追葬され、その際に羨道が延長されたと見られる。(9)

この古墳のあり方は、逆の殺害や小鷦鶉の経死との関連を想起させる。すなわち、穴穂部皇子は物部守屋に対して逆とその二人の子供のあわせて三人を殺害するよう命じたが、このことは石室内に三基の石棺が置かれていることと合致する。敏達天皇の寵臣として権力の中枢にあった逆であれば、巨大な石室に埋葬されても不自然ではない。また、小鷦鶉の自殺は突発的な出来事であったため、新たな古墳を築造せず、既存の古墳の羨道を急遽延長し、木棺に遺骸を納めて追葬することも十分にあり得るだろう。以上のことから、茅原狐塚古墳の被葬者は逆とその二人の子供であり、のちに小鷦鶉が追葬された可能性を指摘しておきたい。

†上宮王家に出仕

小鷦鶉の次に見えるのは、三輪文屋《ふみや》である。『大神朝臣本系牒略』では逆の子、『三輪高宮家系図』では小鷦鶉の子とされている。『日本書紀』皇極二年（六四三）十一月丙子条には、

蘇我臣入鹿《いるか》、小徳《しょうとく》巨勢徳太臣《こせのとこだのおみ》・大仁《だいにん》土師娑婆連《はじのさばのむらじ》を遣《や》りて、山背大兄王《やましろのおおえのみこ》等を斑鳩《いかるが》に掩《おそ》はしむ。（略）山背大兄、仍りて馬の骨を取りて、内寝《よどの》に投げ置く。遂に其の妃《みめ》、并《なら》びに子弟等を率《ゐ》て、間《ひとま》を得て逃げ出でて、胆駒山《いこまやま》に隠る。三輪文屋君・舎人《とねり》田目連《ためのむらじ》及び其の女《むすめ》・菟田諸石《うだのもろし》・伊勢阿部堅経《いせのあべのかたぶ》、従《みとも》につかへまつる。巨勢徳太臣等、斑鳩宮を焼く。灰の中に骨を見でて、誤りて王死《い》せましたりと謂《おも》ひて、囲《かくみ》を解きて退き去る。是に由りて、山背大兄王等、四・五日の間、山に淹留《とどま》りたまひて、得喫飯《ものもえまうのぼ》らず。三輪文屋君、進みて勧めまつりて曰さく、「請ふ、深草屯倉に移向《ゆ》きて、茲《ここ》より馬に乗りて、東国《あづまのくに》に詣りて、乳部《みぶ》を以て本《もと》として、師《いくさ》を興して還りて戦はむ。其の勝たむこと必らじ」といふ。山背大兄王等対《こた》へて曰はく、「卿《いまし》が噵《い》ふ所の如くならば、其の勝たむこと必ず然《しか》らむ。但し吾が情《こころ》に冀《ねが》はくは、十年、百姓《おほみたから》を役《つか》はじ。一《ひとり》の身の故を以

て、豈万民《あにおほみたから》を煩労《わずら》はしめむや。（略）」とのたまふ。（略）是に、山背大兄王等、山より還りて、斑鳩寺に入ります。軍将等、即ち兵を以て寺を囲む。是に、山背大兄王、三輪文屋君をして軍将等に謂《かた》らしめて曰はく、「吾、兵を起《いくさ》して入鹿を伐たば、其の勝たむこと定《うつむな》し。然るに一の身の故に、百姓を残《やぶ》り害《そこな》はむことを欲《ほ》りせじ。是を以て、吾が一の身をば、入鹿に賜ふ」とのたまひ、終《つひ》に子弟・妃妾《みめ》と一時《もろとも》に自ら経《わな》きて倶に死《みう》せしましぬ。

とある。この記事によれば、蘇我入鹿が軍勢を遣わして山背大兄王を襲撃した際、文屋は山背大兄王に従って宮を脱出し、生駒山（胆駒山）の山中に隠れた。文屋は山背大兄王に対して、ここから深草屯倉《ふかくさのみやけ》（山城国紀伊郡深草郷に所在した王権の支配拠点）を経由して東国へ逃れ、乳部（皇子女の資養のために各地に設置された集団）を集めて兵を興し、引き返して戦うことを進言した。しかし、山背大兄王はこれを却下し、一行は斑鳩に戻った。再び軍勢に囲まれた山背大兄王は、文屋を通して敵兵に「自分が挙兵すれば必ず勝つだろうが、そのために人々を傷つけるわけにはいかないので、自分の身を入鹿に与える」と告げさせた後、一族・妃妾とともに自害したという。

文屋は山背大兄王にしたがった臣下の筆頭に置かれており、山背大兄王の最期の言葉を敵将に伝える重要な役割を果たしている。その生死については記されていないが、話の展開からすれば、山背大兄王とともに自害したのだろう。

4 大神氏の再興

†復調の兆し

文屋の次に登場する大神氏の人物は、三輪利金《とがね》である。『大神朝臣本系牒略』『三輪高宮家系図』は、ともに文屋の子とする。『続日本紀』慶雲三年（七〇六）二月庚辰条には、

左京大夫《さきょうのたいふ》従四位上大神朝臣高市麻呂《おおみわのあそんたけちまろ》卒《しゅつ》しぬ。壬申の年の功を以て、詔して従三位を贈りたまふ。大花上《だいかじょう》利金が子なり。

とある。これは、後述する高市麻呂《たけちまろ》の卒伝《そつでん》（死去した際の記事）であり、利金が高市麻呂の父であることが分かる。利金が帯びる「大花上」は、大化五年（六四九）に制定された冠位の第七等であり（『日本書紀』大化五年二月条）、のちの正四位に相当する。利金の具体的な

活躍は知られないが、逆が殺害された後、小鷦鷯・文屋と振るわなかった大神氏は、七世紀中葉になって徐々に勢力を盛り返してきたようである。

なお、利金と同世代の人物には、三輪色夫《しこぶ》がいる。『大神朝臣本系牒略』では文屋の弟、『三輪高宮家系図』は逆の孫とされている。『日本書紀』大化元年（六四五）八月癸卯条には、

即ち来目臣《くめのおみ》〈名を闕《もら》せり。〉・三輪色夫君・額田《ぬかた》部連甥《べのむらじをひ》を以て、法頭《ほうず》にす。

とあり、『日本書紀』大化五年五月癸卯条には、

小華下《しょうかげ》三輪君色夫・大山上《だいせんじょう》掃部《かにもりの》連《むらじ》角麻呂《つのまろ》等を新羅に遣《つかは》す。

とある。前者の記事では、色夫は法頭に任命されている。法頭とは、諸々の寺院に所属する僧尼・奴婢・田地などの実態を調査する役職である[10]。先に大神氏が仏教受容に反対したというのは『日本書紀』の潤色であると述べたが、ここで色夫が法頭に任命されていることも、大神氏が仏教を受容していたことを示している。

後者の記事では、色夫が新羅へ派遣されている。直後には新羅から人質やその従者などが日本へやって来ているが（『日本書紀』大化五年是歳条）、これは大化二年（六四六）に派遣された遣新羅使の求めに応じたものである（『日本書紀』大化二年九月条）。同年に新羅へ派遣された色夫らは、新羅からの人質を送迎する役割を担ったのだろう。

以上、利金と色夫の記事から、この頃の大神氏は祭祀以外のさまざまな職務に従事していたことが分かる。このことは、王権にとって三輪山で祭祀を執り行うことの意義が薄れてきており、それゆえに大神氏は祭祀以外にも活躍の場を求めざるを得なかったことをうかがわせる。そして、こうした新しい分野での活躍が、大神氏が再び勢力を盛り返すきっかけになったと考えられる。

壬申の乱での活躍

三輪高市麻呂は、『続日本紀』慶雲三年二月庚辰条（前掲）に利金の子として見える。『大神朝臣本系牒略』『三輪高宮家系図』でも、利金の子とされている。この人物は、壬申の乱で活躍したことが知られる。『日本書紀』天武元年（六七二）六月己丑条には、

因りて、吹負《ふけひ》に命《みことのり》して将軍に拝《め》す。是の時に、三輪君高市麻呂・鴨君蝦夷《かものきみえみし》等、及び

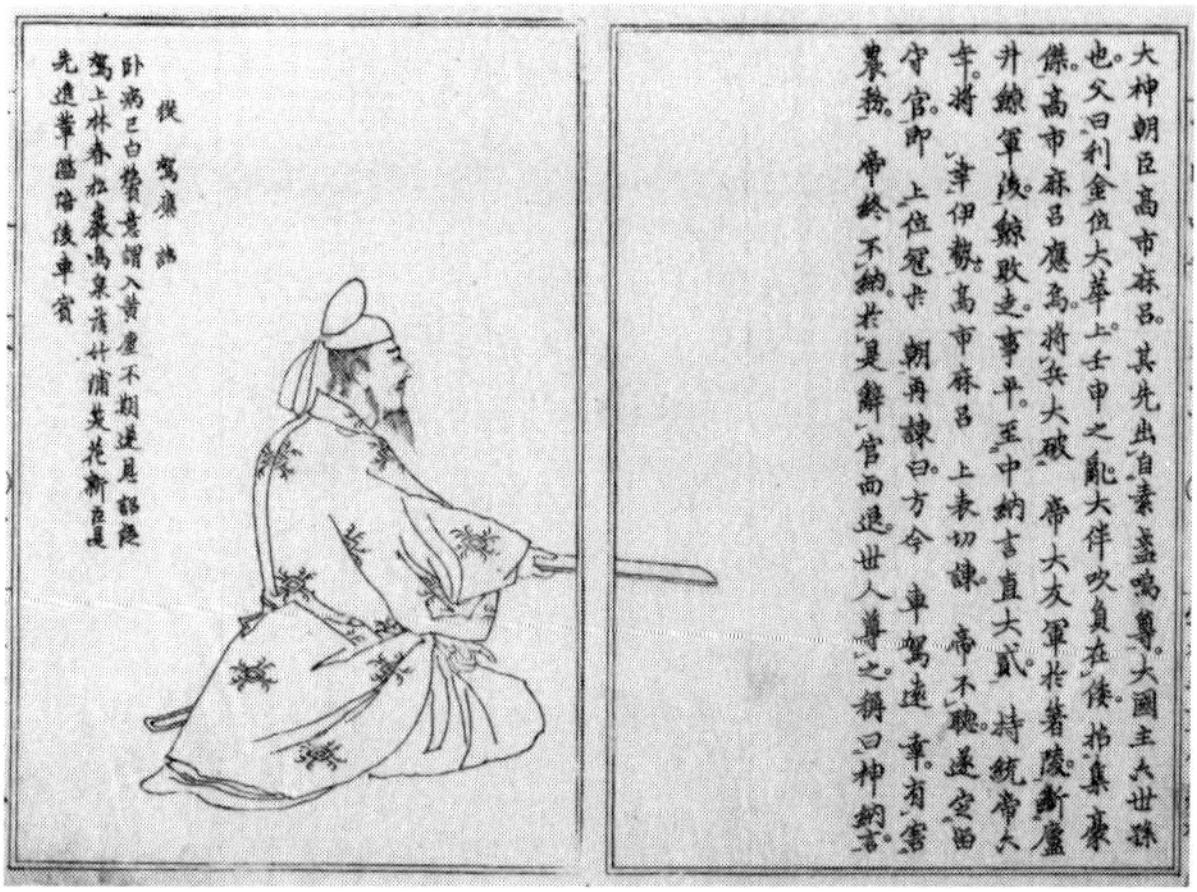

従駕應詔
臥病已白鬢意謂入黄塵不期遂恩詔従
駕上林春松巌鳴泉落竹浦笑花新臣是
先進輩濫陪後車賓

大神朝臣高市麻呂。其先出自素盞嗚尊。大國主六世孫
也。父曰利金。位大華上。壬申之亂。大伴吹負在倭。於集豪
傑。高市麻呂應為将。兵大破。帝大友軍於箸陵。斬盧
井鯨軍。後鯨敗走。事平。至中納言直大貳。持統帝六
年。将幸伊勢。高市麻呂上表切諫。帝不聴。遂定留
守官。即上位冠。朝再諫曰方今車駕遠幸。有害
農務。帝終不納。於是辭官而退。世人尊之。稱曰神納言

三輪高市麻呂（前賢故実・国立国会図書館）

群《もろもろ》の豪傑《いさを》しき者、響の如く悉《ふつく》に将軍の麾下に会《つど》ひぬ。乃ち近江を襲はむことを規《はか》る。衆《いくさ》の中の英俊《すぐれたるひと》を撰《えら》びて、別将及び軍監《まつりごとひと》とす。

とあり、『日本書紀』天武元年七月条には、

是の日に、三輪君高市麻呂・置始連《おきそめのむらじ》菟《うさぎ》、上道《かみつみち》に当りて、箸陵《はしのはか》のもとに戦ふ。大きに近江の軍を破《やぶ》りて、勝に乗りて、兼て鯨《くじら》が軍の後《しりへ》を断つ。鯨が軍、悉《ことごと》く解け走げて、多に士卒《いくさ》を殺す。鯨、白《あを》馬《うま》に乗りて逃ぐ。（略）将軍、亦更《またさら》に本処に還りて軍《いくさだち》す。此より以後、近江の軍、遂に至らず。

とある。

前者の記事によれば、大海人皇子から将軍に任命された大伴吹負のもとに、高市麻呂や鴨蝦夷などの豪傑が集まり、軍議を開いて別将や軍監が任命されたという。

後者の記事には、高市麻呂と置始菟の軍勢が、上ッ道《かみつみち》（奈良盆地の東寄りを南北に縦貫する古道）の箸陵付近で近江朝廷方の軍勢を破った。さらに、勝ちに乗じて近江軍の別将である廬井鯨《いおいのくじら》の退路を断ち、敵軍に多くの被害を与えた。これ以後、近江方の軍勢が大和に攻め込むことはなかった、とある。ここでは、次の二点が注目される。

第一に、高市麻呂は鴨蝦夷とともに、大伴吹負の軍に加わっている。大神氏と賀茂氏（鴨氏）は同祖関係を形成していたことが知られているが（『古事記』崇神段など）、ここで両氏族が行動をともにしていることは、軍事行動において氏族系譜が一定の役割を果たす場合があったことを示している。同祖関係が形成される契機としては、職掌や地縁・血縁など日常的な氏族間の交流が想定されるが(11)、こうした軍事行動との関係にも留意する必要があろう。

第二に、高市麻呂は箸陵付近で敵軍と戦闘を行っている。この箸陵とは、箸墓古墳（奈良県桜井市箸中）を指しており、大神氏の本拠地である大和国城上郡大神郷（奈良県桜井市三輪）からもほど近い場所にある。将軍である大伴吹負は、この付近の地勢をよく心得てい

三輪山（左奥）と箸墓古墳（右手前）

た高市麻呂を上ツ道に配置することで、戦局を優位に進める狙いがあったと見られる。高市麻呂は敵を撃破しており、その狙いは的中したと言える。

†理官の誄を奏上

次に、『日本書紀』朱鳥元年九月乙丑条には、

> 是の日に、直大参《じきだいさん》布勢《ふせ》朝臣《のあそん》御主人《みうし》、太政官の事を誄《しのびごとたてまつ》る。次に直広《じきこう》参《さん》石上朝臣麻呂《いそのかみのあそんまろ》、法官《のりのつかさ》の事を誄る。次に直大肆《じきだいし》大三輪朝臣高市麻呂、理官《おさむるつかさ》の事を誄る。次に直広参《じきこうさん》大《おお》伴宿禰安麻呂《とものすくねやすまろ》、大蔵《おおくら》の事を誄る。次に直大肆《じきだいし》藤原朝臣大嶋《ふじわらのあそんおおしま》、兵政官《つわもののつかさ》の事

を誄る。

とある。これは、天武天皇の殯において、高市麻呂が理官の誄を奏上した記事である。ここに登場する氏族の構成が、『日本書紀』仲哀九年二月丁未条（前掲）の登場人物とほぼ一致することは、すでに述べたとおりである。

高市麻呂は理官の誄を奏上していることから、彼は理官を代表する立場にあったことが分かる。理官とは、律令制下における治部省《じぶしょう》の前身である。[12]『日本書紀』天武十年九月甲辰条では、氏上が未定の諸氏に対して、それを定めて理官に申し送るように命じていることから、理官は諸氏の氏上を管理していたことが確認される。

職員令16治部省条は、治部省の職掌を規定した条文であるが、そこには「本姓」「継嗣」「譜第」など氏族に関わる内容が見える。また、『続日本紀』天平勝宝三年（七五一）二月己卯条には、雀部《さざきべ》真人が自氏の祖先である雀部男人について、系譜に誤って巨勢男人と記載されているので訂正したいと申請し、それが認められたとある。ここでは治部省に下知した上で系譜を改めていることから、治部省には各氏族の系譜が保管されていたことがうかがえる。

このように、治部省は各氏族の氏姓（ウジナとカバネ）や系譜を扱っていた。天智三年

（六六四）に出された甲子の宣で諸氏の氏上を定めた際には、それを登録するための台帳が存在しており（『続日本紀』大宝二年〈七〇二〉九月己丑条）、この台帳は諸氏の系譜を記載したものであったとされる。よって、諸氏の系譜を保管してその内容を管理するという職掌は、理官の段階にまで遡ると推定される。

そこで注目されるのは、次の記事である。『日本書紀』持統五年（六九一）八月辛亥条には、

十八の氏〈大三輪・雀部《さざきべ》・石上・藤原・石川・巨勢・膳部《かしはで》・春日・上毛野《かみつけの》・大伴・紀伊・平群《へぐり》・羽田《はた》・阿倍・佐伯・采女・穂積《ほづみ》・阿曇《あづみ》。〉に詔して、其の祖《おや》等の墓記《おくつきのふみ》を上進《たてまつ》らしむ。

とあり、十八の氏族に「墓記」の撰進が命じられたことが見える。しかも、この十八氏のうちで大神氏は最初に挙げられている。「墓記」の内容については、天武天皇の殯宮で各氏族が「己が先祖《おや》等の仕へまつれる状《かたち》」（自分たちの祖先が代々にわたって王権に奉仕してきたこと）を奏上していることから（『日本書紀』持統二年〈六八八〉十一月戊午条）、こうした氏族の系譜・伝承をまとめた書物と考えられる。(13) したがって、諸氏族から提出された「墓記」の

管理は、理官が担当する職務であり、その理官を統率していたのが高市麻呂であったことになる。

とするならば、高市麻呂は理官の代表者として、諸氏族から提出された「墓記」のとりまとめを担当したか、あるいは他氏に先駆けて大神氏の「墓記」を提出したことから、大神氏が十八氏の筆頭に置かれたと考えられる。これまで、十八氏の中には石上（物部）・藤原（中臣）・石川（蘇我）・大伴・阿部といった有力氏族が含まれているにもかかわらず、これらを差し置いてなぜ大神氏が筆頭に置かれているのかは不明であったが、この記事は理官の長官が大神氏であったことを踏まえて理解しなければなるまい。

†伊勢行幸の諫止

壬申の乱での活躍と並んで、高市麻呂の事績としてよく知られているのが、持統天皇の伊勢行幸を諫止したエピソードである。

『日本書紀』持統六年（六九二）二月丁未条

諸官に詔して曰はく、「当に三月三日を以て、伊勢に幸《いでま》さむ。此の意《こころ》を知りて、諸の衣物《きもの》を備ふべし」とのたまふ。

『日本書紀』持統六年二月乙卯条

是の日に、中納言直大弐《じきだいに》三輪朝臣高市麻呂、表《ふみ》を上《たてまつ》りて、敢直言《ただにまう》して、天皇の伊勢に幸さむとして、農事《なりはひのとき》を妨げたまふことを諌《あは》め争《いさ》めまつる。

『日本書紀』持統六年三月戊辰条

是に、中納言三輪朝臣高市麻呂、其の冠位《かうぶり》を脱ぎて、朝《みかど》に擎上《ささ》げて、重ねて諌《あは》めて曰さく、「農作《なりはひ》の節《とき》、車駕《きみ》、未だ以て動《ゆ》きたまふべからず」とまうす。

『日本書紀』持統六年三月辛未条

天皇、諌《あはめ》に従ひたまはず、遂に伊勢に幸す。

この時、高市麻呂の冠位は直大弐、官職は中納言であった。これは太政大臣の高市皇子《たけちのみこ》、右大臣の丹比嶋《たじひのしま》（『日本書紀』持統四年〈六九〇〉七月庚辰条）、大納言の阿倍（布施）御主人・大伴御行《おおとものみゆき》（『日本書紀』持統十年〈六九六〉十月庚寅条）に次ぐものであり、議政官を構成する高い地位にあったことが知られる。ここに至って大神氏は、かつて逆が敏達天皇の寵臣と称された頃の勢力を取り戻したと言える。

しかし、それも長くは続かなかった。持統六年二月、伊勢への行幸の準備を行うよう命令が下された。高市麻呂は、この時期は農繁期であり、行幸を行うと人々の農作業の妨げになるとしてその中止を求めたが、準備はそのまま進められた。そこで、行幸の出立予定日に高市麻呂は冠を脱ぎ、天皇に捧げて重ねて諫言した。それでも訴えは聞き入れられず、予定より三日遅れで天皇は伊勢に出発した。諫止は失敗に終わったのである。冠を脱いで天皇に捧げることは、中納言の地位を賭すことを意味する。記事には見えないが、この一件で高市麻呂は官職を辞したと推定される。

それは、次の漢詩からもうかがえる。『懐風藻』九五・九六には、

五言。神納言《しんのなごん》が墟《きょ》を過《す》ぐ。一首。

（九五）一旦栄《えい》を辞《いな》びて去りぬ、千年諫《かん》を奉りし余《のち》に。
松竹春彩《しょうちくしゅんさい》を含み、容暉旧墟《ようききゅうきょ》に寂《さぶ》し。
清夜《せいや》琴樽《きんそん》罷《や》み、傾門車馬《けいもんばしゃ》疎《あら》し。
普天《ふてん》は皆帝の国、吾帰《ゆ》きて遂に焉《いずく》にか如《ゆ》かむ。

（九六）君道《くんどう》誰か易きと云ふ、臣義《しんぎ》本自《もとより》難し。
規《いさめ》を奉りて終《つい》に用ゐらえず、帰り去《い》にて遂に官を辞《さ》りぬ。
放曠嵆竹《ほうこうけいちく》に遊び、沈吟楚蘭《ちんぎんそらん》を佩《お》ぶ。
天閽若《てんこんも》し一たび啓《ひら》かば、将に水魚の歓《よろこ》びを得む。

とある。これらは後年、「神納言」（大神氏の中納言である高市麻呂）の旧居の前を通った藤原麻呂が、感慨をもよおして詠んだ漢詩である。その中に「一旦栄を辞びて去りぬ」「帰り去にて遂に官を辞りぬ」などとあることからも、高市麻呂は辞職したことが分かる。

左遷と政界復帰

それから十年間、高市麻呂に関する事績は全く見えない。この空白の十年間は、散位（位階を持ちながら官職についていない状態）であったとする見方もあるが、[14]『万葉集』には「大神大夫」なる人物が登場する。『万葉集』九―一七七二題詞には、

大神大夫の筑紫国に任じられし時に、阿倍大夫の作りし歌一首。

とあり、この「大神大夫」が高市麻呂を指しているとして、高市麻呂は事件後に筑紫国へ左遷されたとする説がある。(15)「大神大夫」は『万葉集』九―一七七〇・一七七一題詞にも、

大神大夫の長門守に任じられし時に、三輪の河辺に集ひて宴せし歌二首。

と見えている。この歌は「大神大夫」が長門守に赴任するに当たり、初瀬川の三輪山麓付近で催された宴会で詠まれたものである。後述のとおり、高市麻呂は政界復帰後に長門守《ながとのかみ》に任命されていることから（『続日本紀』大宝二年〈七〇二〉正月乙酉条）、『万葉集』九―一七七〇・一七七一題詞の「大神大夫」が高市麻呂を指すことは明らかである。

また、「大夫」とは四位・五位の人物を指す語である。同時代の大神氏では、高市麻呂の弟の安麻呂が従四位上（『続日本紀』和銅七年〈七一四〉正月甲子条）、同じく狛麻呂《こままろ》が正五位上（『続日本紀』霊亀元年〈七一五〉四月丙子条）であり、「大夫」に該当するが、両者はともに筑紫国には赴任していない。したがって、『万葉集』九―一七七二の「大神大夫」も、九―一七七〇・一七七一と同じく高市麻呂のことを指すと見て間違いない。高市麻呂は行幸を諫止したために持統天皇の怒りを買い、筑紫国へ左遷されたと考えられる。

高市麻呂が筑紫国に何年留まったのかが不明であるが、その後は『続日本紀』大宝二年

正月乙酉条に、

従四位上大神朝臣高市麻呂を長門守とす。

とあり、『続日本紀』大宝三年（七〇三）六月乙丑条には、

従四位上大神朝臣高市麻呂を以て左京大夫《さきようのだいぶ》とす。

とあるように、大宝二年に長門守、翌三年には左京大夫に任命されたことが確認できる。左遷されてから十一年を経て、ようやく中央政界へ復帰したのである。そして、それから三年後の慶雲三年に没した。その際には、「壬申の年の功臣」として従三位が贈られた（『続日本紀』慶雲三年二月庚辰条）。これは大神氏の同族である大神真神田子首が死後に贈られた内小紫位（『日本書紀』天武五年〈六七六〉八月是月条）と並んで、大神氏の人物が得た最高位である。

上記した二つの記事には従四位上とあることから、高市麻呂は中納言を辞職した後も冠位は剝奪されず、大宝令制定にともなって新しい位階に移行したことが分かる。しかし、

持統六年の時点では直大弐（従四位上相当）であり、かりに十年間で順当に昇進していたならば、大宝二年には従四位上より高位であったはずである。また、長門守は正六位下相当、左京大夫は正五位上相当であり（官位令12正六位条・10正五位条）、いずれも位階より低い官職に任命されている。

さらに、『日本書紀』朱鳥元年九月乙丑条でともに誄を奏上した人々と比較すれば、阿倍（布施）御主人は従二位・右大臣、石上麻呂は正二位（贈従一位）・左大臣、大伴安麻呂は正三位（贈従二位）・大納言となっており、高市麻呂だけが一段低い。このように、高市麻呂は政界復帰を果たしたものの、伊勢行幸の諫止はその官途に最後まで影を落とすこととなった。

では、高市麻呂はなぜ自らの冠を賭してまで、行幸の中止を求めたのだろうか。『日本書紀』では、人々の農時の妨げになることを理由に挙げたとしている。それに対して、この行幸は伊勢神宮に祭られる皇祖神のアマテラス（天照大神）に関わるものであり、天皇が伊勢に行幸することは、それまで王権を守護してきた三輪山のオオモノヌシを疎んじることになるため、大神氏としては断固として認めることができず、それゆえに諫言に及んだとする見方もある。[16]

しかし、行幸諫止事件の背後に、こうした対立の構図を読み取ることは無理がある。なぜなら、当時の三輪山では、かつてのような祭祀は行われなくなっていたからである。第七章で詳述するが、三輪山麓の祭祀遺跡から出土する遺物は六世紀後半から著しい減少傾向を見せており、七世紀に入ると出土地点が大神神社禁足地へと移動していくことから、三輪山祭祀の位置づけが変容していたことがうかがえる。また、大宝元年（七〇一）に完成した大宝令では、大神神社において行われる祭祀として鎮花祭が規定されている（神祇令3季春条）。高市麻呂の頃の三輪山では、のちの鎮花祭につながる祭祀が、あくまでも国家祭祀の一つとして執り行われるようになっていたのであり、それを皇祖神アマテラスに対する伊勢神宮の祭祀と同じ土俵で比較することはできない。

ちなみに、高市麻呂について平安時代初期に成立した『日本霊異記』上巻第二十五縁には、

　諒《まこと》に是れ忠信の至《いたり》にして、仁義の大なることなり。賛《さん》に曰はく、「修《よ》々きかな神氏、幼き賭しより学を好み、忠にして仁有り、潔くして濁《にごること》無し。

とあり、行幸を諫止した高市麻呂を「忠信の至」として非常に高く評価している。もし、氏族意識やエゴイズムで官職を辞したのならば、ある意味では自業自得であり、時代が下

ってからこのように賞賛されることはないだろう。
やはり、高市麻呂は自氏の都合ではなく、人々の農作業の妨げになることを憂慮して、中納言という高い地位や官人としての前途を犠牲にしてまで諫止を行ったのであり、それゆえに彼の行為は顕彰され、後世まで語り継がれたと考えられる。

†律令制下の大神氏

高市麻呂の死後は、弟の安麻呂と狛麻呂が大神氏の中心となった。まず、安麻呂の経歴をまとめるならば、以下のとおりである。

『日本書紀』持統三年（六八九）二月己酉条に
務大肆《むだいし》（略）大三輪朝臣安麻呂を以て、判事《ことわるつかさ》と為す。

『続日本紀』慶雲四年（七〇七）九月丁未条
正五位下大神朝臣安麻呂を氏長《うじのかみ》と為す。

『続日本紀』和銅元年（七〇八）九月壬戌条

正五位上大神朝臣安麻呂を摂津大夫《せつつのだいぶ》。

『続日本紀』和銅七年（七一四）正月丙戌条

兵部卿従四位上大神朝臣安麻呂、卒しぬ。

これらの記事から、安麻呂は持統三年に判事（訴訟の審理に当たる役職）に任命され、この時には務大肆（従七位下相当）の位階を有していた。また、慶雲四年には大神氏の氏長（氏族の代表者。氏上《うじのかみ》とも）に任命されている。前年には高市麻呂が卒していることから、その後を継いだものと思われる。ここから、安麻呂の前には、高市麻呂が大神氏を代表する立場にあったことが改めて確認される。ついで、安麻呂は和銅元年に摂津大夫（摂津職《せつつしき》の長官）に任官され、和銅七年に兵部卿（兵部省の長官）・従四位上で卒している。

一方、狛麻呂については、第四章で取り上げるので、ここでは簡単に触れるに留めておくが、慶雲元年（七〇四）に正六位上から従五位下となり、和銅元年（七〇八）には丹波守に任じられ、この時には従五位上であった。和銅四年（七一一）には正五位下、霊亀元年（七一五）四月には正五位上となり、同年五月に武蔵守に任命されている。ほどなくして正五位上のまま卒したようである。

安麻呂と狛麻呂は、兄の高市麻呂には及ばないものの、摂津大夫・兵部卿、丹波守・武蔵守など、中央・地方の要職を歴任した。高市麻呂が伊勢行幸の諫止によって左遷されても、大神氏が勢力を保持しつづけることができた背景には、こうした弟たちの活躍があったと言えよう。

安麻呂の後、大神氏の族長位は、高市麻呂の子の忍人《おしひと》、そして忍人の子の伊可保《いかほ》へと継承されていった。忍人は、『続日本紀』和銅五年（七一二）正月戊子条に、

従六位上大神朝臣忍人（略）、並びに従五位下。

とあり、『続日本紀』霊亀元年二月丙寅条には、

従五位下大神朝臣忍人を氏上とす。

とある。ここから、和銅五年に従五位下に叙され、霊亀元年に大神氏の氏上となったことが分かる。前年には安麻呂が卒していることから、その後任人事であろう。

伊可保は、『続日本紀』天平十九年（七四七）四月丁卯条に、

大神神主従六位上大神朝臣伊可保（略）、並に従五位下を授く。

とあり、この時に従五位下に叙されたことが見える。そして、伊可保の子の三支《さいぐさ》、三支の子の野主、野主の子の千成も、それぞれ従五位下に叙されている（『続日本紀』宝亀十年〈七七九〉正月甲子条、『日本後紀』承和六年〈八三九〉四月乙丑条、『日本文徳天皇実録』斉衡元年〈八五四〉正月壬辰条）。高市麻呂たちの世代に比べると勢力が衰えた感は否めないが、それでも中央貴族の一員としての政治的地位に留まり、下級官人に転落することはなかった。

また、注目したいのは、『続日本紀』天平十九年四月丁卯条で伊可保が「大神神主」と記されている点である。これに対応するように『大神朝臣本系牒略』と『三輪高宮家系図』では、この時期から「大神主」という称号が見えるようになる。「大神神主」とは、文字通り大神神社の神主の意味であり、「おおみわのかんぬし」と読める。「大神主」はその略称と思われ、「おおかんぬし」あるいは「おおみわのかんぬし」と読むのだろう。

この「大神主」の肩書きは、『大神朝臣本系牒略』では忍人・伊可保・三支に付されている。『三輪高宮家系図』では、忍人から千成まで全員に「大神主」と記されており、中世以降の人物にも原則的に受け継がれた。もっとも『続日本紀』に「大神神主」と明記されている伊可保を除き、ほかの人物については、これが国家から正式に任命された職位なのか、あるいは大神氏（大神神社）の内部で用いられた私的な称号なのかは不明であるが、いずれにしても大神氏はこれ以降、大神神社の神職を代々継承して行くこととなったのである。

注

（1）北條勝貴「災害と環境」（北原糸子編『日本災害史』吉川弘文館、二〇〇六年）

（2）加藤謙吉「大夫制と大夫選任氏族」（『大和政権と古代氏族』吉川弘文館、一九九一年、初出一九八六年）、倉本一宏「氏族合議制の成立」（『日本古代国家成立期の政権構造』吉川弘文館、一九九七年、初出一九九一年）。

（3）志田諄一「三輪君」（『古代氏族の性格と伝承』雄山閣、一九七四年）。

（4）中村英重「ウヂの成立」（佐伯有清編『日本古代中世の政治と宗教』吉川弘文館、二〇〇二年）。

（5）坂本太郎「纂記と日本書紀」（『坂本太郎著作集』二、吉川弘文館、一九八八年、初出一九四六年）。

（6）佐佐木隆「三輪山伝承の再検討」（『大美和』一一六、二〇〇九年）。

（7）加藤謙吉『蘇我氏と大和王権』（吉川弘文館、一九八三年）、北條勝貴「祟・病気・仏神」（あたらしい古代史の会編『王権と信仰の古代史』吉川弘文館、二〇〇五年）。

(8) 阿部武彦「大神氏と三輪神」(『日本古代の氏族と祭祀』吉川弘文館、一九八四年、初出一九七五年)、中山薫「三輪君逆についての一考察」(『日本書紀研究』二四、二〇〇二年)。

(9) 網干善教「大和三輪狐塚古墳について」(『古代学』八―三、一九五九年)、同「三輪山周辺の古墳文化」(網干善教・石野博信・河上邦彦・菅谷文則・塚口義信・森浩一『三輪山の考古学』学生社、二〇〇三年)。

(10) 井上光貞「日本における仏教統制機関の確立過程」(『井上光貞著作集』一、岩波書店、一九八五年)。

(11) 溝口睦子『日本古代氏族系譜の成立』(学習院、一九八二年)。

(12) 熊谷公男「治部省の成立」(『史学雑誌』八八―四、一九七九年)。

(13) 坂本太郎「纂記と日本書紀」(前掲)、加藤謙吉「『日本書紀』とその原史料」(『日本古代の豪族と渡来人』雄山閣、二〇一八年、初出二〇〇四年)。

(14) 土佐秀里「大神高市麻呂の復権」(『国文学研究』一二八、一九九九年)。

(15) 坂本太郎「大神氏と万葉集」(『坂本太郎著作集』四、吉川弘文館、一九八八年、初出一九七〇年)。

(16) 守屋俊彦「上巻第二十五縁考」(『日本霊異記の研究』三弥井書店、一九七四年、初出一九六八年)、西山徳「律令制と大神神社」(『上代神道史の研究』国書刊行会、一九八三年、初出一九七五年)、田村圓澄『伊勢神宮の成立』(吉川弘文館、一九九六年)。

第二章

大神氏はどのように全国へ広がったのか

1　大神氏の同族

†複姓と氏族構造

前章では、大神氏のいわゆる本宗の人物を時系列に取り上げて氏族の足跡を辿ったが、大神氏には本宗以外に、非常に多くの同族を持っている。本章では、そうした同族の動向を確認した上で、本宗・同族をあわせた大神氏がどのようにして全国に広がっていったのかについて見ていきたい。

大神氏の同族としては、大神引田《おおみわのひきた》氏、大神私部《きさいべ》氏、大神波多《はた》氏、大神真神田《まかむた》氏、三輪栗隈《くるくま》氏、神宮部《かむみやべ》氏、大神大網《おおよさみ》氏、大神掃石《はきし》氏、大神椋田《しもとた》氏が知られている。これらは複姓氏族と呼ばれる。複姓とは、「三輪○○」「神○○」「大神○○」などのように、本宗の氏族とウジナの一部を共有する氏族のことである。大神氏の本宗から分岐した傍系が名乗る場合や、もとは関係のなかった集団が大神氏と政治的関係を形成することにより、二次的に同族として認められた場合などがある。

なお、近年の研究では、古代氏族は本来的に複数の系統で構成されており、その時々の状況によって族長位がそれらの系統間を移動したとして、本宗という考え方は相対化されつつある。[1] 大神氏についても、本宗・同族〔複姓氏族〕など複数の小集団が、互いに連合して「三輪」をウジナとする大きな集団を構成していたとの指摘があり、[2] 傾聴に値する。筆者も以前、本宗という概念自体が自明のものではなく、後世から見て族長位を継承した系統を便宜的にそう呼んでいるに過ぎないと述べたことがある。[3]

ただし、すべての氏族に当てはまるかは慎重な検討を要するが、大神氏の場合は本宗と同族〔複姓氏族〕が必ずしもフラットな関係ではなく、族長位を継承し得る系統はきわめて限られていたと思われる。少なくともこの氏族の大要をつかむために、本宗と同族〔複姓氏族〕をひとまず分けて整理することは、一定の有効性を持つだろう。

はじめに、大和国に本拠を構えた複姓氏族の中から、大神引田氏・大神私部氏・大神波多氏の三氏を取り上げる。これらの分布を示したものが【図1】である。大神引田氏は、大和国城上《しきのかみ》郡辟田《ひきた》郷（奈良県桜井市白河）を本拠とした氏族であり、大神曳田《ひきた》氏とも表記する。この地には、曳田神社が所在した（『延喜式神名帳』）。この氏族からは、天武十三年（六八四）に、三輪引田難波麻呂が高句麗へ大使として派遣されている（『日本書紀』天武十三年五月戊寅条）。また、天平勝宝七歳（七五五）九月二十八日「班田司歴名」[4]には、山背国の班田司（班田を行うために派遣された官人）として列記される計七十五人の中に、大神曳田老人が挙げられている。

次に、大神私部氏のウジナに含まれる私部とは、后妃の経済基盤として設置された部であり[5]（『日本書紀』敏達六年〈五七七〉二月甲辰条）、全国に置かれた私部を中央で管掌した氏族がこの大神私部氏である[6]。第一章で触れたとおり、三輪逆は皇位継承争いに巻き込まれ、物部守屋の軍勢に襲撃された際、炊屋姫皇后の別業に隠れたが（『日本書紀』用明元年五月条）、これは炊屋姫皇后が私部の設置に尽力した逆を信頼しており、そのために逆を一時的にかくまったものと思われる。

また、逆は敏達天皇から「内外の事」（同条）をことごとく委ねられていたとある。「内外」の語は、国内・国外あるいは内官・外官を指して用いられることが多いが、内廷（後

図１　大神氏の複姓氏族（国土地理院地図をもとに作成）

宮）と外廷（天皇が政治を行う場）の意味で用いた例もあり（『日本書紀』安閑元年〈五三四〉七月辛酉条）、用明元年五月条の「内外」も同様に理解できる。このことも、大神氏と内廷の関係を示している。

大神波多氏は、大和国高市郡波多郷（奈良県高市郡明日香村冬野）を本拠とした氏族である。この地には、波多神社が所在する（『延喜式神名帳』）。

これらの三氏は『続日本紀』神護景雲二年（七六八）二月壬午条に、

大和国の人従七位下大神引田公足人《たるひと》・大神私部公猪養《ゐかひ》・大神波多公石持《いはもち》等廿人に、姓を大神朝臣と賜ふ。

とあり、大神引田公足人・大神私部公猪養・大神波多公石持ら計二〇人に対して、一斉に大神朝臣が賜姓されたことが知られる。この三氏は、ほかの複姓氏族に比べて大神朝臣への改姓がとくに早いことから、同族の中でも本宗に近い関係にあったと見られる。[7] 大神引田氏と大神波多氏の本拠地は、同じ大和国の中でも近接していることから、両者は地縁的な結びつきもあったと思われる。大神私部公猪養が大和国の人とされていることから、大神私部氏の本拠地も大神引田氏・大神波多氏の近傍に所在したのだろう。

†大和国の同族②

大神真神田氏は、神麻加牟陀氏・大神真上田氏などとも表記する。「真神田」とは、『日本書紀』崇峻元年（五八八）是年条に法興寺（飛鳥寺）を建立した場所を「飛鳥真神原」（奈良県高市郡明日香村飛鳥）としており、この地名に由来すると見られるが、ほかに大和国宇陀郡（奈良県宇陀市一帯）内の地名とする説もある。[8] この氏族の人物では、壬申の乱で本宗の高市麻呂と並んで顕著な活躍をした子首《こびと》が著名である。児首・子人とも表記する。『日本書紀』天武元年（六七二）六月甲申条には、

> 大山を越えて、伊勢の鈴鹿に至る。爰に国司の守三宅連石床《かみみやけのむらじいはとこ》・介《すけ》三輪君子首、及び湯《ゆの》沐令田中臣足麻呂《うながしたなかのおみたりまろ》・高田首新家《たかたのおびとにいのみ》等、鈴鹿郡に参遇《まうあ》へり。則ち且《また》、五百の軍《いくさ》を発《おこ》して、鈴鹿の山道を塞《た》へむとす。

とあり、『日本書紀』天武元年七月辛卯条には、

> 天皇、紀臣阿閉麻呂《きのおみあへまろ》・多臣品治《おほのおみほむじ》・三輪君子首・置始連菟を遣して、数万の衆《いくさ》を率《ゐ》て、

> 伊勢の大山より、越へて倭《やまと》に向はしむ。

とある。これらの記事からは、大海人皇子（のちの天武天皇）が挙兵した際、子首が伊勢介（伊勢国司の次官）として皇子を鈴鹿関に迎え、さらに伊勢国から大和国へ進軍を命じられたことが知られる。次に、『日本書紀』天武五年（六七六）八月是月条には、

> 大三輪真上田子人君、卒《しゅっ》しぬ。天皇、聞しめして大きに哀《かな》しぶ。壬申の年の功を以て、内小紫位《ないしょうしい》を贈りたまふ。仍りて、諡《おくりな》して大三輪神真上田迎君と曰ふ。

とある。この記事は、子首の卒伝である。天武天皇は子首の死を大いに悲しんで内小紫位を追贈し、「迎」という諡名を与えたと伝えている。「迎」とは、大海人皇子を鈴鹿関で「迎」えた功績にちなむ。壬申の年の功臣として褒賞を受けた人物は多いが、諡を賜ったのは彼が唯一の例であり、天武が子首の活躍を高く評価していたことが分かる。

さらに、子首については『続日本紀』大宝元年（七〇一）七月壬辰条に、

> 勅《みことのり》して、親王已下《いか》に、其の官位に准《なぞら》へて食封《じきふ》を賜ふ。又、壬申の年の功臣に、功の

第《しな》に随ひて亦《また》食封を賜ふこと、並びに各《おのおの》差《しな》有り。又、勅したまはく、「先朝、功を論《あげつら》ひて封《ふう》を行ひたまふ時、（略）神麻加牟陀君児首、一十人に各一百戸（略）を賜ひき。凡て十五人、賞、各異なりと雖《いへど》も、同じく中第《ちゆうだい》に居《を》り。令に依りて四分の一を子に伝ふべし」とのたまふ。

とある。ここには、壬申の乱後の論功行賞で食封百戸を賜ったとあり、大宝令の施行後に改めて戦功の査定が行われ、四分の一を子に伝世することが認められている。

子首以降の大神真神田氏は、約二百年間にわたって史料上に見えず、貞観年間になって全雄《またを》と良臣の兄弟が見える。まず、『日本三代実録』貞観四年（八六二）三月己巳朔条には、

右京の人左大史正六位上真神田朝臣全雄に、姓を大神朝臣と賜ふ。大三輪大田田根子命の後《すえ》なり。

とあり、全雄に大神朝臣が賜姓された。子首の頃には「君」姓を名乗っていたことから、この氏族は貞観四年までの間に「君」から「朝臣」へ改姓したことが分かる。また、ここには単に「真神田朝臣」とあるが、これは「大神」を省略したに過ぎず、改姓前の正式な

氏姓は『日本三代実録』仁和三年（八八七）三月乙亥朔条（後掲）のとおり「大神真神田朝臣」であったと思われる。

その後、全雄は正六位上から外従五位下、さらに従五位下へと昇進しているが（『日本三代実録』貞観五年〈八六三〉正月七日庚午条など）、それに対して、良臣には外従五位下が与えられた（『日本三代実録』仁和二年〈八八六〉正月七日丁亥条など）。そして、『日本三代実録』仁和三年三月乙亥朔条には、

豊後介外従五位下大神朝臣良臣に従五位下を授く。是より先、良臣、官に向《おもむ》きて披訴ひけらく、「浄御原天皇《きよみがはらのすめらみこと》の壬申の年、伊勢に入り給ひし時、良臣の高祖父三輪君子首、伊勢介と為《な》り、軍に従ひて功有り、卒して後に内小紫位を贈らる。古の小紫位は従三位に准《なら》ふ。然れば則ち、子首の子孫は外《げ》位《い》に叙すべからず」とまうす。是に、外記に下して考実《こうじつ》せしむ。外記、申明《しんめい》して云さく、「贈従三位大神朝臣高市麻呂・従四位上安麻呂・正五位上狛麻呂兄弟三人の後は、皆内位《ないい》に叙す。大神引田朝臣・大神楉田朝臣・大神掃石朝臣・大神真神田朝臣等は、遠祖同じと雖も、派別各《おのおの》異なり。内位に叙すべき由を見ず。加之《しかのみならず》、神亀五年以降、格《きゃく》有りて、諸氏先《ま》づ外位に叙せされ、後に内叙《ないじょ》に預る。良臣の姓は大神真神田朝臣なり。子首の後、全雄に至るまで、

五位に預る者无《な》し。今、請ひて内品《ないほん》に叙するは、事格旨《きやくし》に乖《もと》る」とまうす。勅して、良臣及び故兄全雄の外位の告身《こくしん》を毀り、特に内階を賜ふ。

とある。外位（外階）を与えられた良臣は、自分の祖先である子首が「内小紫位」を賜ったことを引き合いに出して官に訴え、特別に内位（内階）を賜ったという。外位（外階）はもともと地方氏族に与えられる位階であったが、のちに下級の中央氏族にも与えられるようになり、良臣はこれを不服としたのである。

ここで注目されるのは、大神引田・大神楉田・大神掃石・大神真神田ら四氏の遠祖が同じであると、良臣が主張している点である。この「遠祖」とは、『日本三代実録』貞観四年三月己巳条で大神真神田氏が「大三輪大田田根子命之後」とされていることから、オオタタネコを指すと見られるが、大神真神田氏以外の三氏は『古事記』『日本書紀』などには始祖に関する記事が見られない。しかも、四氏のうち大神楉田氏は、本来は楉田勝を名乗っており（『続日本紀』天平十二年〈七四〇〉九月己酉条など）、後から大神楉田朝臣へ改姓している（『同』宝亀七年〈七七六〉十二月庚戌条）。

よって、これら四氏の間に見られる同祖関係は、楉田氏が大神氏の複姓氏族に加わった後で形成された可能性が高い。八世紀後半から九世紀初頭は、都が平安京に遷され、『新撰姓氏録』が編纂されるなど、氏族の秩序が大きく再編された時期であった。こうした動きを受けて、大神氏においても本宗と同族の再編が行われ、大神引田・大神椦田・大神掃石・大神真神田ら四氏の系譜がオオタタネコに結び付けられたと考えられる。

†山城国・摂津国の同族

次に、山城国の三輪栗隈氏・神宮部氏と、摂津国の大神大網氏を取り上げたい。三輪栗隈氏は、山城国久世郡栗隈郷（京都府宇治市大久保）を本拠とした氏族である。『日本書紀』大化元年七月丙子条には、

又、百済の使に詔して曰はく、「明神御宇日本《あきつかみとあめのしたしろしめすやまとの》天皇の詔旨《おほみことらま》とのたまはく、始め我が遠皇祖《とおつみおや》の世に、百済国を以て、内官家《うちつみやけ》としたまふこと、譬《たと》へば三《み》絞《せ》の綱の如し。中間《なかごろ》、任那国を以て、百済に属《つ》け賜ふ。後に、三輪栗隈君東人を遣して、任那国の堺を観察《み》しめたまふ。是の故に、百済の王、勅の随《まにま》に、悉《ことごとく》に其の堺を示《み》す。而るに、調闕《みつきもら》せること有り。是に由《よ》りて、其の調を却還《かへ》したまふ。任那の所出《たてまつ》る者は、天皇の明《あきらか》に覧《みそなは》す所なり。夫《そ》れ、今より以後《のち》、具《つばひらか》に国と出す所の調とを題《しる》すべし。汝《いまし》佐平《さへい》等、不易面来《おもがはりせずもうこ》。早く須《すべから》くは明《あきらか》に報《かへりごとまう》せ。今重ねて三輪君東人・馬飼造〈名

を闕せり。〉を遣すとのたまふ」といふ。

とあり、三輪栗隈東人が百済と任那の境界を設定するために派遣されたことが知られる。ここで東人は「三輪栗隈君東人」とも、「三輪君東人」とも記されているが、後者は重複を避けるための省略だろう。

次に、神宮部氏は山城国宇治郡（京都府宇治市一帯）を本拠とした氏族である。『新撰姓氏録』山城国神別　神宮部造条には、

葛城の猪《ゐ》石《いし》の岡に天下《あも》りませる神、天破命《あめひらく》の後《すゑ》なり。六世孫、吉足日命《えたらしひ》、磯城瑞籬《しきのみずかきの》宮御　宇《みやにあめのしたしろしめし》〈諡《おくりな》は崇神。〉天皇の御世に、天下《あめのした》災《まがこと》有《おこ》りき。因《か》れ、吉足日命を遣して、大物主神を斎《いつ》祭らしめたまひしかば、災異《まがこと》即ち止《や》みき。天皇、詔して曰はく、「天下の災消《や》み、百　姓《おほみたから》福《さち》を得つ。今より以後、宮能売《みやのめ》神と為《な》るべしとのたまふ。仍りて姓を宮能売公《みやのめのきみ》と賜ひき。然後《そののち》、庚午年の籍に、神宮部造と注《しる》せり。

とあり、この氏族が山城国に居住したことが分かる。また、天平宝字五年十一月二日「矢田部造麻呂家地売券」[9]でも、神宮部造安比等が山城国宇治郡の主政（郡司の第三等官）とし

て署名している。

『新撰姓氏録』では、崇神朝に吉足日命がオオモノヌシを祭ったことから、宮能売公の姓を与えられ、のちに庚午年籍の段階で神宮部造と記されたと伝えている。その内容は、『古事記』『日本書紀』のオオタタネコ伝承を彷彿とさせる。佐伯有清は、「宮能売」とは「女性の神官」を表す語であるとし、神宮部造氏は大神神社の祝であったとする。(10) そこまで断定できるかは定かでないが、この氏族が三輪山での祭祀に何らかの形で関与していたことは認めることができよう。

なお、吉足日命による祭祀の伝承は、後世の史料にも散見する。たとえば、貞和二年(一三四六)成立の『大三輪神三社鎮座次第』では、吉足日命が神託にしたがって三輪山に瑞籬を立て、オオナムチ(大己貴命)とオオモノヌシを祭ったことになっている。時代は崇神朝ではなく、孝元朝のこととされている。さらに、元永二年(一一一九)成立の『大神崇秘書《すうひしょ》』(11)によれば、大国主命を祭ったとされる吉川比古命は、吉足日命と同一人物と見られており、高宮神主(神坐日向《みわにいますひむかい》神社の神主か)に任じられたという。このように、吉足日命の事績は時代が下るほど叙述が具体的になる。これは『日本書紀』や『古語《こご》拾遺《しゅうい》』などの所伝をもとにして、後世に潤色が加えられていったものと推定される。(12)

また、『大神崇秘書』には高宮神主のことが見えることから、神坐日向神社との関係も想定される。中世以降の大神神社では、『延喜式神名帳』所載の神坐日向神社が三輪山の山頂に鎮座していたとして、日神信仰との関係が説かれるようになる（第六章）。吉足日命（吉川比古）の伝承は、こうした日神信仰に関する言説とも結びつきながら、後世の人々が『新撰姓氏録』の記事を再解釈していった結果であると理解できよう。

次に、大神大網氏は、摂津国住吉郡（大阪府大阪市住吉区・住之江区・東住吉区一帯）を本拠とした氏族である。この地には、大依羅神社（大阪府住吉区庭井）が所在する（『延喜式神名帳』）。『続日本紀』文武元年（六九七）九月丙申条には、

京の人大神大網造百足《ももたり》が家に嘉稲《よきいね》を生《おほ》す。

とあり、大神大網造百足が嘉稲を献上したことが見える。祥瑞（めでたいことが起こる前兆）について定めた『延喜式』治部省4下瑞条によれば、嘉稲は下瑞（第四等）に当たる。この氏族の改姓前の氏姓は不明であるが、造姓を称していることから、おそらくは大網造など大神氏とは別の氏族であったものが、のちに大神氏と政治的関係を結んだことで同族に加えられたのだろう。大神大網造百足は「京の人」とあることから、この時にはすでに藤原京に居住していたようである。

†畿外の同族

これまで見てきたように、大神氏の複姓氏族の大半は畿内（大和・山城・摂津・河内・和泉）に本拠を構えたが、畿外（東海道・東山道・北陸道・山陰道・山陽道・南海道・西海道の諸国）に所在したものもいる。それは、大神掃石氏と大神楉田氏である。

大神掃石氏は、出雲国に分布した氏族である。『続日本紀』神護景雲二年八月癸卯条には、

出雲国嶋根郡の人外従六位上神掃石公久比麻呂《みわのはきしのきみくひまろ》・意宇《おう》郡の人外少初位上神人公人《みわひとのきみひと》足《たり》・同じき郡の人神人公五百成《いほなり》等廿六人に、姓を大神掃石朝臣と賜ふ。


とあり、出雲国嶋根郡（島根県松江市北部一帯）の人である神掃石公久比麻呂と、同国意宇郡（同松江市南部・安来市一帯）の人である神人公人足・五百成ら二十六人が、大神掃石朝臣に改姓したことが見えている。

なお、『三輪高宮家系図』では、牟自古の尻付に「是掃部君等之祖也」とあるが、掃部《かにもり》（掃守）氏には「連」「宿禰」のカバネや（『日本書紀』大化五年〈六四九〉五月癸卯条・天武天皇十

三年十二月己卯条）、「首」のカバネを持つ氏族は見えるものの（天平十一年〈七三九〉「出雲国大税賑給歴名帳」[13]）、「君」のカバネを持つ氏族は確認できない。『三輪高宮家系図』の尻付は「掃石君」の誤りだろう。

次に、大神楉田氏は、豊前国宇佐郡楉田村（大分県宇佐市和気）を本拠とした氏族である。この氏族の人物としては、勢麻呂《せまろ》と愛比《えひ》が挙げられる。勢麻呂は『続日本紀』天平十二年（七四〇）九月己酉条に、

豊前国京都郡大領外従七位上楉田勢麻呂は兵五百騎（略）を将《ひき》ゐて、官軍に来帰《まうかへ》る。

とあり、『続日本紀』天平十三年（七四一）閏三月乙卯条には、

外従七位上楉田勝麻呂（略）並に外従五位下。

とある。前者では、藤原広嗣の乱の鎮圧に参加しており、この時には豊前国京都郡の大領（郡司の第一等官）であった。後者では、乱後に外従七位上から外従五位下に昇進している。ここには「楉田勝麻呂」とあるが、正しくは「楉田勝勢麻呂」であり、「勢」が脱落した

ものと思われる。(14)

一方、愛比は『続日本紀』宝亀七年十二月庚戌条に、

豊前国京都郡の人正六位上楉田勝愛比《しもとたのすぐりえひ》に姓を大神楉田朝臣と賜ふ。

とあり、『同』延暦三年(七八四)十二月己巳条にも、

正六位上(略)大神楉田朝臣愛比(略)並に外従五位下。

とある。前者によれば、愛比は勢麻呂と同じく豊前国京都郡の楉田勝氏の出身であり、大神楉田朝臣に改姓したことが知られる。後者の記事では、外従五位下に叙されている。この氏族は改姓前に楉田勝氏を称していることから、先の大神大網氏と同様、本来は大神氏とは別の氏族であったが、のちに大神氏の複姓氏族に組み入れられたものと推測される。

氏族再編の動き

以上、大神氏の複姓氏族を概観してきた。各氏族の氏姓の変遷を整理するならば、次の

ようになる。

引田	三輪引田君 → 大神引田公 ― 大神引田朝臣 → 大神朝臣
私部	大神私部公 → 大神朝臣
波多	大神波多公 → 大神朝臣
真神田	三輪君 → 神麻加牟陀君 → 大三輪真上田君 → 大神真神田君 → 大神真神田朝臣 → 大神朝臣
栗隈	三輪君 → 三輪栗隈君
宮部	宮能売公 → 神宮部造
大網	大網造? → 大神大網造
掃石	神掃石公・神人公 → 大神掃石朝臣
楉田	楉田勝 → 大神楉田朝臣

ここから、次の二点を指摘することができる。第一に、大神引田公・大神私部公・大神波多公から大神朝臣への改姓は神護景雲二年、神掃石公・神人公から大神掃石朝臣への改姓も同年、楉田勝から大神楉田朝臣への改姓は宝亀七年というように、各氏族の改姓記事はおよそ八世紀後半に集中している。これは氏族再編の動きが活発化した時期に当たる。

諸氏族は天平勝宝年間（七四九〜七五七）頃から本系帳《ほんけいちょう》（氏族の始祖・系譜・事績などに関する記録）を提出しており（『弘仁私記』序文）、天平宝字五年（七六一）には諸氏の系譜をまとめた『氏族志《しぞくし》』の編纂が企図されたが（『中臣氏系図』所引「延喜本系解状」）、この計画は途中で頓挫した。そして、延暦年間に入って再び本系帳の提出が命じられ（『日本後紀』延暦十八年〈七九九〉十二月戊戌条）、弘仁六年（八一五）になってようやく『新撰姓氏録』が完成した。こうした情勢の中で、大神氏を構成する諸氏族の関係性が変化し、本宗と複姓氏族との間で氏姓や系譜が再編されていったと理解できる。

第二に、大神引田氏の本拠は大和国城上郡辟田郷、大神波多氏は大和国高市郡波多郷、大神真神田氏は同じく大和国高市郡（あるいは宇陀郡）と推定されるが、これらは大神氏の本宗が本拠を構える大和国城上郡大神郷に近く、大神私部氏も含め、これらの諸氏族は本宗と地縁的な結びつきを有していたと考えられる。

また、大神大網氏の摂津国住吉郡は大和川の河口に位置しており、本宗の本拠地とは初瀬川・大和川の水系で結ばれていた。大神掃石氏の出雲国嶋根郡・意宇郡と大神楉田氏の豊前国京都郡は、いずれも西日本の沿岸地域に位置している。前述のとおり、大神氏の本宗や複姓氏族の中には、三輪色夫・三輪引田難波麻呂・三輪栗隈東人など、対外交渉の分野で活躍した人物が数多く見受けられる。ほかにも、白村江の戦いに中将軍として出兵した根麻呂や（『同』天智二年〈六六三〉三月条）、遣唐使として入唐した末足・宗雄（『続日本紀』宝亀七年〈七七六〉十二月丁酉条など）が挙げられる。

とくに七世紀以前には、中央の大神氏が対外交渉に従事する際、それ以前から関係を持っていた各地の勢力に動員がかけられる場合があった。そうした中で、これらの三氏は中央の大神氏との交流を開始し、やがて同族に加えられるに至ったのだろう。大神氏と対外交渉の関係については、第四章で詳しく述べることとしたい。

2 大神氏の分布

†三輪山の神の分祀・勧請

大神氏には、本宗や同族のほかにも、神直《みわのあたい》氏・神部直《みわべのあたい》氏・神人《みわひと》氏・神人部《みわひとべ》氏・神部《みわべ》氏のように、ウジナに「神」の呼称を含み、中央の大神氏と関係を持った氏族が確認される。神人・神人部・神部とは、各地から中央の大神氏のもとに出仕した人々や、その輩出母体として設置・編成された集団を指す。ヤマト王権の地方支配制度の一つである伴造《とものみやつこ》《ばんぞう》制に即して言えば、こうした集団を現地で管掌した氏族（地方伴造《ちほうばんぞう》）が神直氏・神部直氏であり[15]、さらにこれらを中央で統轄した氏族（中央伴造《ちゅうおうばんぞう》）が大神氏ということになる。これらの氏族も広い意味では大神氏の同族に当たることから、ここでは「ミワ系氏族」と総称しておく。

地方	国	郡	地名	出典
畿内	大和国	城上郡	大神里	平城京出土木簡
	〃	〃	大神郷	和名抄
	〃	〃	大神郷	大神郷長牒案
	〃	〃	三輪郷	今昔物語集
	摂津国	有馬郡	大神郷	和名抄
	〃	河辺郡	大神郷	和名抄
	和泉国	大鳥郡	三輪里	住吉大社神代記
	〃	〃	上神郷	和泉国大鳥神社流記帳
	〃	〃	上神郷	和名抄
東海道	尾張国	中島郡	美和郷	和名抄
	三河国	八名郡	神里	平城京出土木簡
	〃	〃	美和郷	和名抄
	遠江国	浜名郡	大神郷	和名抄
	駿河国	安倍郡	美和郷	和名抄
	常陸国	新治郡	巨神郷	和名抄
	〃	〃	大神駅	常陸国風土記逸文
	〃	久慈郡	美和郷	和名抄
東山道	美濃国	賀茂郡	美和郷	和名抄
	〃	席田郡	美和郷	和名抄
	〃	大野郡	美和郷	平城宮出土木簡
	〃	〃	大神郷	和名抄
	信濃国	諏訪郡	美和郷	和名抄
	下野国	那須郡	三和郷	和名抄
山陰道	丹波国	氷上郡	美和郷	和名抄
	因幡国	邑美郡	美和郷	和名抄
	伯耆国	久米郡	上神郷	和名抄
	〃	〃	下神郷	和名抄
山陽道	播磨国	賀茂郡	三和里	平城宮出土木簡
	〃	〃	大神郷	和名抄
	美作国	苫東郡	美和郷	和名抄
	〃	大庭郡	美和郷	和名抄
	備中国	窪屋郡	美和郷	備中国大税負死亡人帳
	周防国	熊毛郡	美和郷	和名抄
西海道	筑後国	山門郡	大神郷	和名抄
	豊後国	速見郡	大神郷	和名抄

表1　「ミワ」に関係する地名の分布

※史資料の略称は、以下のとおりである（表2・表3共通）。紀＝日本書紀、続紀＝続日本紀、後紀＝日本後紀、続後紀＝続日本後紀、文実＝日本文徳天皇実録、三実＝日本三代実録、姓氏録＝新撰姓氏録、和名抄＝和名類聚抄

	〃	各務郡	美和都明神	美濃国神名帳
	〃	多芸郡	大神神社	延喜式神名帳、特選神名牒
	〃	—	大神神五十戸	新抄格勅符抄
	信濃国	水内郡	美和神社	延喜式神名帳、特選神名牒
	〃	〃	三和神	三実
	〃	〃	神部神	三実
	上野国	山田郡	美和神社	延喜式神名帳、特選神名牒
	〃	〃	美和神	後紀、三実
	〃	〃	美和名神社	上野国交替実録帳
	〃	〃	美和大明神	上野国神名帳
	下野国	那須郡	三和神社	延喜式神名帳、特選神名牒
	〃	〃	三和神	続後紀、三実
	〃	都賀郡	大神社	延喜式神名帳、特選神名牒
北陸道	若狭国	遠敷郡	弥和神社	延喜式神名帳、特選神名牒
	〃	〃	御和明神	若狭国神名帳
	〃	〃	御和大明神	若狭国神名帳
	越前国	敦賀郡	大神下前神社	延喜式神名帳、特選神名牒
	加賀国	加賀郡	三輪神社	延喜式神名帳、特選神名牒
	越後国	頸城郡	大神社	延喜式神名帳、特選神名牒
	〃	〃	大神神	三実
山陰道	但馬国	朝来郡	粟鹿神戸	但馬国正税帳
	〃	〃	粟鹿神二戸	新抄格勅符抄
	〃	〃	粟鹿神	続後紀、三実
	〃	〃	禾鹿神	三実
	〃	〃	粟鹿神社	延喜式神名帳
	因幡国	巨濃郡	大神社	延喜式神名帳、特選神名牒
	〃	—	多神	三実
	伯耆国	会見郡	大神山神社	延喜式神名帳、特選神名牒
	〃	—	三輪神	三実
	〃	—	大神大明神	修正神名帳、諸国神名帳、千手堂恒例勧請神名帳
山陽道	播磨国	宍粟郡	大倭物代主神社	延喜式神名帳
	備前国	邑久郡	美和神社	延喜式神名帳、備前国神名帳、特選神名牒
	〃	〃	美和明神	備前国神名帳
	〃	〃	美和大明神	備前国神名帳
	〃	上道郡	大神神社	延喜式神名帳、特選神名牒
	〃	磐梨郡	神神社	備前国神名帳
	〃	〃	神大明神	備前国神名帳
	〃	津高郡	神神社	備前国神名帳
	〃	〃	神大明神	備前国神名帳
	備中国	下道郡	神神社	延喜式神名帳、特選神名牒
	備後国	—	大神神	三実
	安芸国	佐西郡	三輪明神	安芸国神名帳
	〃	高田郡	三輪明神	安芸国神名帳
	〃	豊田郡	三輪明神	安芸国神名帳
	長門国	—	大神神三十戸	新抄格勅符抄
南海道	阿波国	名方郡	大御和神社	延喜式神名帳
西海道	筑前国	夜須郡	大三輪社	紀
	〃	〃	於保奈牟智神社	延喜式神名帳
	〃	〃	大三輪社	筑前国風土記逸文
	〃	—	大神神六十二戸	新抄格勅符抄
	筑後国	山門郡	大神社	筑後国神名帳
	〃	〃	大神神	筑後国神名帳
	〃	御井郡	大神社	筑後国神名帳
	〃	三潴郡	大神社	筑後国神名帳
	〃	〃	大神国玉神	筑後国神名帳
	〃	〃	大神神	筑後国神名帳
	〃	—	大神神社	筑後国神名帳
	〃	—	大神八佐賀美男神	筑後国神名帳
	〃	—	大神小寝古天社	筑後国神名帳

地方	国	郡	神社	出典
畿内	大和国	城上郡	大神神戸	大倭国正税帳
	〃	〃	大神社	続紀
	〃	〃	大神大物主神	文実、三実
	〃	〃	大神神四十五戸	新抄格勅符抄
	〃	〃	佐為神二戸	新抄格勅符抄
	〃	〃	大神大物主神社	延喜式神名帳、特選神名牒
	〃	〃	三輪大明神	勧請神名帳、海住山寺修正神名帳、恒例修正二月御行勧請神名帳
	〃	〃	大神大明神	清滝宮勧請神名帳、花鎮奉読神名帳、恒例修正月勧請神名帳、東大寺戒壇院公用神名帳、東大寺二月堂修二月勧請神名帳
	〃	〃	狭井坐大神荒魂神社	延喜式神名帳、特選神名牒
	〃	〃	神坐日向神社	延喜式神名帳、特選神名牒
	〃	添上郡	率川坐大神御子神社	延喜式神名帳、特選神名牒
	〃	〃	率川阿波神社	延喜式神名帳
	河内国	—	三輪高安大明神	御薬師神名帳
	摂津国	有馬郡	湯泉神社	延喜式神名帳
	〃	〃	大神湯泉鹿舌三像大明神	伊呂波字類抄
	〃	〃	三輪の神	千載和歌集
	〃	〃	三輪の明神	千載和歌集
	〃	—	大神神二十五戸	新抄格勅符抄
	〃	—	大神神神戸三十烟	保安元年摂津国正税帳案
	〃	—	大神神戸三十八烟	保安元年摂津国租帳
	〃	—	大神封戸三十烟	保安元年摂津国調帳案
	和泉国	大鳥郡	国神社	延喜式神名帳
	〃	〃	三輪国神社	大神分身類社抄
	〃	〃	神氏社	和泉国神名帳
	〃	〃	下神国津社	和泉国神名帳
	〃	〃	神山口社	和泉国神名帳
	〃	〃	神道神宅社	和泉国神名帳
	〃	〃	上神須佐社	和泉国神名帳
	〃	〃	神之神宅社	和泉国神名帳
	〃	〃	神神本社	和泉国神名帳
	〃	〃	神三宅社	和泉国神名帳
	〃	〃	上神宇賀玉社	和泉国神名帳
東海道	伊勢国	飯高郡	大神社	延喜式神名帳
	〃	〃	大神神社	特選神名牒
	〃	朝明郡	太神社	延喜式神名帳
	尾張国	中島郡	大神神社	延喜式神名帳
	〃	〃	大神明神	尾張国神名帳
	〃	〃	大神明神	尾張国神名帳
	〃	海部郡	大神大明神	尾張国神名帳
	遠江国	浜名郡	大神神社	延喜式神名帳、特選神名牒
	〃	〃	弥和山神社	延喜式神名帳、特選神名牒
	〃	—	大神神十戸	新抄格勅符抄
	駿河国	安倍郡	神部神社	延喜式神名帳
	〃	〃	美和明神	駿河国神名帳
	〃	〃	美和谷地祇	駿河国神名帳
	〃	益頭郡	神神社	延喜式神名帳、特選神名牒
	〃	〃	三輪明神	駿河国神名帳
	〃	〃	美和天神	三実
	甲斐国	山梨郡	神部神社	延喜式神名帳
	〃	巨麻郡	神部神社	延喜式神名帳
	〃	〃	美和神	三実
東山道	美濃国	賀茂郡	美和明神	美濃国神名帳
	〃	席田郡	美和明神	美濃国神名帳
	〃	大野郡	大国主大神	美濃国神名帳
	〃	〃	神三御子明神	美濃国神名帳
	〃	山県郡	美和大明神	美濃国神名帳

表2 「ミワ」に関係する神社の分布

	越後国	—	—	神人	八幡林遺跡出土木簡
	〃	—	—	神人	中谷内遺跡出土墨書土器
	〃	—	—	神	中谷内遺跡出土墨書土器
	〃	—	—	神人部	中倉遺跡出土木簡
	佐渡国	賀茂郡	—	神人	三実
山陰道	丹波国	氷上郡	沼貫郷朝鹿里	神人	平城宮出土木簡
	〃	〃	石前里	神人	市辺遺跡出土木簡
	〃	—	—	神直	山垣遺跡出土木簡
	〃	—	—	神人	山垣遺跡出土木簡
	〃	—	—	神人部	山垣遺跡出土木簡
	丹後国	熊野郡	田村郷	神人	平城宮出土木簡
	但馬国	朝来郡	粟鹿郷	神部直	粟鹿大神元記
	〃	〃	〃	神□〔部ヵ〕	粟鹿遺跡出土墨書土器
	〃	〃	—	□□〔神部ヵ〕	加都遺跡出土木簡
	〃	出石郡	—	神部	宮内黒田遺跡出土木簡
	因幡国	気多郡	勝見郷	神部直	平城宮出土木簡
	〃	高草郡	高庭庄	神	東大寺領因幡国高庭庄坪付注進状案
	〃	〃	高庭庄	神部	東大寺領因幡国高庭庄坪付注進状案
	〃	—	—	神部直	因幡国戸籍
	〃	—	—	神部	因幡国戸籍
	出雲国	神門郡	朝山郷加夜里	神人部	出雲国大税賑給歴名帳
	〃	〃	滑狭郷池井里	神人部	出雲国大税賑給歴名帳
	〃	〃	多伎駅	神人部	出雲国大税賑給歴名帳
	〃	嶋根郡	—	神掃石公	続紀
	〃	〃	—	大神掃石朝臣	続紀、類史
	〃	意宇郡	—	神人公	続紀
	〃	〃	—	大神掃石朝臣	続紀
	石見国	大市郡	—	神直	粟鹿大神元記
	〃	〃	—	的大神直	粟鹿大神元記
山陽道	播磨国	宍粟郡	三方里	神人	飛鳥池遺跡出土木簡
	〃	〃	〃	神人（部ヵ）	飛鳥池遺跡出土木簡
	〃	揖保郡	—	神人	播磨国風土記
	〃	赤穂郡	神戸里	神人	播磨国坂越神戸両郷解
	〃	—	—	大神	続紀
	美作国	大庭郡	—	神直	粟鹿大神元記
	備中国	窪屋郡	美和郷菅生里	美和首	備中国大税負死亡人帳
	〃	〃	〃	神首	備中国大税負死亡人帳
	〃	〃	〃	神人部	備中国大税負死亡人帳
	〃	浅口評	—	神部	藤原宮出土木簡
	周防国	玖珂郡	玖珂郷	神人	周防国戸籍
	長門国	—	佐美里	神部	長登銅山跡出土木簡
	〃	—	—	大神直	長登銅山跡出土木簡
	〃	—	—	大神部	長登銅山跡出土木簡
	〃	—	—	下神部	長登銅山跡出土木簡
南海道	淡路国	三原郡	幡多郷	神人部	粟鹿大神元記
	讃岐国	山田郡	田井郷	神人	平城京出土木簡
西海道	筑前国	嶋郡	川辺里	大神部	筑前国嶋郡川辺里戸籍
	〃	志摩郡	久米郷	大神部	元岡・桑原遺跡群出土木簡
	〃	那珂郡	手東里	大神君	牛頸ハセムシ窯跡群出土刻書土器
	〃	〃	〃	大神部	牛頸ハセムシ窯跡群出土刻書土器
	〃	〃	—	大神部	牛頸本堂遺跡出土刻書土器、牛頸井出四号窯跡群出土刻書土器
	〃	夜須郡	—	大神部	大宰府跡出土木簡
	〃	—	—	神部	大宰府跡出土木簡
	豊前国	仲津郡	丁里	大神部	豊前国仲津郡丁里戸籍
	〃	京都郡	—	大神楉田朝臣	続紀
	〃	宇佐郡	—	大神朝臣	続紀、宇佐八幡託宣集、扶桑略記
	〃	—	—	神部	長登銅山跡出土木簡
	豊後国	—	—	大神朝臣	続紀
	肥前国	高来郡	—	神	肥前国風土記
	〃	—	—	大神部	多田遺跡出土木簡
	〃	—	—	神人	志波屋二ノ坪遺跡出土墨書土器
	薩摩国	高城郡	新多郷	神部	大宰府跡出土木簡
不明	—	—	□木郷	神直□	平城宮出土木簡
	—	—	□部里	神人部	藤原宮出土木簡
	—	—	大坂里	神	藤原宮出土木簡
	—	—	真野郷	神人部□	石神遺跡出土木簡

地方	国	郡	郷ほか	氏族	出典
畿内	大和国	城上郡	辟田郷	三輪引田君	紀
	〃	〃	辟田郷	大神曳田	班田司歴名
	〃	〃	辟田郷	大神引田公	続紀
	〃	〃	辟田郷	大神引田朝臣	三実
	〃	〃	—	大神朝臣	姓氏録
	〃	高市郡	波多郷	大神波多公	続紀
	〃	〃	—	大三輪真上田君	紀
	〃	〃	—	神麻加牟陀君	続紀
	〃	〃	—	大神真神田朝臣	三実
	山城国	愛宕郡	出雲郷雲上里	神直	山背国愛宕郡雲上里計帳
	〃	—	—	神人	長岡京出土木簡
	〃	久世郡	栗隈郷	三輪栗隈君	紀
	〃	宇治郡	—	神宮部造	姓氏録
	摂津国	能勢郡	—	神人	続紀
	〃	—	—	神人	姓氏録
	〃	—	—	神人	姓氏録
	〃	住吉郡	—	大神大網造	続紀
	河内国	—	—	神人	姓氏録
	和泉国	—	—	神直	姓氏録
	〃	—	—	神人	姓氏録
	〃	—	—	神	大野寺土塔文字瓦銘
東海道	伊勢国	安濃郡	—	神人部	三実
	尾張国	葉栗郡	村国郷	神人	平城宮出土木簡
	〃	智多郡	入見里	神部	藤原宮出土木簡
	遠江国	浜名郡	新居郷	神直	浜名郡輸租帳
	〃	〃	新居郷	神人	浜名郡輸租帳
	〃	〃	新居郷	神人部	浜名郡輸租帳
	〃	〃	津築郷	神人部	浜名郡輸租帳
	〃	〃	—	神人	浜名郡輸租帳
	〃	—	—	神人部	伊場遺跡出土木簡
	伊豆国	田方郡	吉妾郷	神人部	平城宮出土木簡
	相模国	大住郡	—	大神朝臣	三実
	武蔵国	—	—	神人部	武蔵国分寺古瓦銘
	常陸国	—	—	神部	鹿の子Ｃ遺跡出土墨書土器
東山道	近江国	犬上郡	—	神人	三実
	〃	—	—	神人	宮町遺跡出土木簡
	美濃国	賀茂郡	半布里	神人	御野国加毛郡半布里戸籍
	〃	〃	〃	神人部	御野国加毛郡半布里戸籍
	〃	大野郡	美和郷	神直	平城宮出土木簡
	〃	〃	—	神人	続紀
	〃	山県郡	出磯郷田井里	神人	平城宮出土木簡
	〃	〃	—	神直	美濃国司解
	〃	各務郡	中里	神直族	御野国各務郡中里戸籍
	〃	〃	中里	神人	御野国各務郡中里戸籍
	〃	安八郡	—	大神	美濃国大井荘住人等解文
	信濃国	高井郡	穂科郷	神人	平城宮出土木簡
	〃	埴科郡	—	神人部	万葉集
	〃	—	—	神人部	屋代遺跡出土木簡
	上野国	—	—	神人	三実
	〃	利根郡	—	神人	戸神諏訪遺跡出土刻書土器
	〃	群馬郡	—	神人	国分二寺中間地域出土刻書瓦
	陸奥国	—	—	□〔神ヵ〕人	多賀城跡出土木簡
	出羽国	—	—	神人部	秋田城跡出土木簡
	〃	—	—	神人	秋田城跡出土木簡
北陸道	越前国	敦賀郡	与祥郷	大神	天平十七年貢進文
	〃	〃	〃	神人	天平十七年貢進文
	〃	〃	質覇郷	神	越前国司解
	〃	〃	鹿蒜郷	大神部	平城宮出土木簡
	〃	〃	〃	大神	平城宮出土木簡
	加賀国	江沼郡	幡生村	神	東大寺諸荘文書
	〃	〃	□□駅	神人	平城京出土木簡
	〃	—	—	大神	三実
	〃	—	—	大神	上荒屋遺跡出土木簡
	越中国	—	—	三和	辻遺跡出土木簡

表３　「ミワ」に関係する氏族の分布

さて、古代の史料から、「ミワ」に関係する地名（郡名・郷名・里名・駅名）を抽出したものが【表1】、神社を抽出したものが【表2】、氏族を抽出したものが【表3】である。【表1】【表2】【表3】によると、大神氏に関連する地名・神社・氏族（複姓氏族やミワ系氏族）は特定の地域に大きく偏ることなく、ほぼ全国に広がっている。国あるいは郡ごとに見た場合は、地名・神社・氏族の分布が重なるケースが多い。たとえば、遠江国浜名郡には、大神郷があり（『和名類聚抄』遠江国浜名郡条）、大神神社が鎮座し（『延喜式神名帳』）、神人・神人部が分布している（天平十二年〈七四〇〉「遠江国浜名郡輸租帳」[16]）。

このような事例からすれば、現状では地名しか確認できない場合でも、古代にはミワ系氏族が居住しており、そのために郷や里の名称に「大神」や「美和」などが採用されたと考えられる。神社についても、中央の大神氏とは無関係に勧請されたのではなく、その地域に居住したミワ系氏族よって勧請・奉祭されたと推測される[17]。

では、こうしたミワ系氏族は、どのような経緯で各地に分布するに至ったのだろうか。これまでの研究では、三輪山の神が軍神（征討神）としての性質を有しており、大和王権が地方に進出する際に三輪山の神が各地に勧請され、それにともなってミワ系氏族も地方に分布するようになったことが指摘されている[18]。根拠となっている史料を改めて確認してみよう。

†三輪山の神と対外交渉

まず、大和王権の対外交渉に関する記事を取り上げる。『日本書紀』神功皇后摂政前紀（仲哀九年九月己卯条）には、

諸国に令《みことのり》して、船舶《ふね》を集《つど》へて兵甲《つはもの》を練らふ。時に軍卒《いくさびとども》集ひ難し。皇后の曰はく、「必ず神の心ならむ」とのたまひて、則ち大三輪社を立て、刀・矛を奉りたまふ。軍《いくさ》衆《びと》自《おの》づから聚《あつま》る。

とあり、『筑前国風土記』逸文（『釈日本紀』所引）にも、

気長足姫尊《おきながたらしひめのみこと》、新羅《しらぎ》を伐《う》たむと欲《おもほ》して、軍士《いくさ》を整理《ととの》へて発行《いでた》たしし間《ほど》に、道中に遁《に》げ亡《う》せき。其の由を占へ求《ま》ぐに、即ち祟る神あり、名を大三輪の神と曰ふ。所以《ゆえ》に此の神の社を樹《た》てて、遂に新羅を平《ことむ》けたまひき。

とある。前者の記事には、神功皇后が新羅に出兵しようとしたが、軍卒が集まらなかった

大己貴神社（筑前町教育委員会提供）

ため、皇后はこの状況を「神の心」によるものと判断し、「大三輪社」を建立して刀・矛を奉納したところ、多くの兵士が集まったとある。後者の記事もほぼ同じ内容であるが、こちらは三輪山の神を「祟る神」と記しており、神社を建てて祭ったところ、新羅を平定することができたと伝えている。

ここに見える神社は、筑前国夜須郡の於保奈牟智神社（『延喜式神名帳』）を指しており、現在の大己貴神社（福岡県筑前町弥永）に比定されている。第六章で詳しく述べるが、三輪山の神は複数の性質を有しており、それらは古くから不可分として重層的な形で人々に認識されていた。ただし、前者の記事では、占いなどを行わず、皇后がすぐに三輪山の神を祭るために神社を創祀しており、軍事行動の際にはまず三輪山の神を祭るとの認識が存在したことがうかがえる。『筑前国風土記』逸文でも、三輪山の神を鎮めることが出兵の成功につながっている。これらの記事では、三輪山の神が持つ複数の性質の中でも、とくに軍神（征討神）としての側面がクローズアップされていると言える。

また、この伝承には大神氏の人物が直接登場するわけではないが、たとえば『日本書紀』神功皇后摂政前紀（仲哀九年十二月辛亥条）では、新羅出兵で神功皇后が住吉三神の託宣を受けた際、津守連氏の祖である田裳見宿禰が祭祀を行うべきことを進言している。『肥前国風土記』三根郡物部郷条でも、推古朝に来目皇子が新羅へ派遣された際、その途上で物部若宮部なる人物に物部経津主之神を祭らせている。

これらに共通するのは、各地で神社を創祀する際には、その神を奉祭する氏族が必ず関与している点である。もっとも『日本書紀』神功皇后摂政前紀（仲哀九年九月己卯条）や『筑前国風土記』逸文の場合は、神功皇后の時代のこととされており、そのまま史実と見ることはできないが、ある時期の対外交渉に実際に大神氏やミワ系氏族の人物が従軍しており、彼らの手によって筑前国に於保奈牟智神社が創祀されたと考えられる。

次に、『続日本紀』天平九年（七三七）四月乙巳条には、

> 使を伊勢神宮、大神社、筑紫の住吉・八幡の二社、及び香椎宮とに遣して、幣《みてぐら》を奉りて、新羅の礼无《ゐやな》き状《さま》を告《まう》さしむ。

とあり、大神神社をはじめとする諸社に新羅の無礼を報告したという。この頃、新羅は唐

との国交を回復したことで、日本に対してそれまでの従属的な態度を改めて対等外交を行うようになっており、同年正月に帰国した遣新羅使は、新羅が常礼を失していることを報告した（『続日本紀』天平九年二月己未条）。そこで、朝廷では対新羅関係について官人を召して意見を徴したところ、使者を派遣して問い糾すべきであるとの意見や、派兵して征伐すべきであるとの意見が出された（『続日本紀』天平九年二月丙寅条）。諸社への奉幣は、こうした状況を受けて実施された。

ここで列挙されている諸社は、皇祖神アマテラスを祭る伊勢神宮（三重県伊勢市）に加えて、神功皇后の新羅出兵に関する伝承を持つ大神神社と筑前国の住吉神社（福岡県福岡市）、および応神天皇・仲哀天皇・神功皇后などを祭る宇佐神宮（大分県宇佐市）と香椎宮（福岡県福岡市）であり、新羅を従属させることに霊験が期待できる諸社に対して、奉幣を行ったものと推測される。

†三輪山の神と西国進出

次に、大和王権の西国進出に関する記事を取り上げる。『粟鹿大神元記』太多彦命の尻付には、

粟鹿神社

右、太多彦、磯城瑞籬宮《しきのみずかきのみやに》御宇《あめのしたしろしめしし》初国《はつくに》所知《しらす》御間城《みまき》入彦《いりひこ》五十《い》瓊《に》殖《えの》天皇の御世に、国々の荒振《あらぶ》る人等を平服せしむ。大国主神の術魂《はけみたま》・荒《あら》魂《みたま》を以て、召して桙・楯・大刀・鏡に著《つ》け、西国に遣す。于《こ》の時、初めて男女の調物を貢る。即ち、但馬国朝来郡の粟鹿《あわが》村に宿住《す》むなり。

とある。この記事によれば、崇神天皇の時代に、諸国の荒ぶる人々を平伏させるためオオタヒコが西国へ派遣され、のちに但馬国朝来郡粟鹿村（兵庫県朝来市山東町粟鹿）に居住した、という。オオタヒコは、この地に鎮座する粟鹿神社を奉祭した神部直氏の祖とされている。その派遣の際には、オオクニヌシの術魂・荒魂を桙・楯・大刀・鏡に取り付けたとあるが、このように神器を奉戴しながら地方へ進出することは、古代には広く行われていたようである

（『日本書紀』仲哀八年正月壬午条）。

ここで注目されるのは、三輪山の神ではなくオオクニヌシが登場していることである。オオクニヌシは、オオナムチやアシハラシコオ（葦原醜男）などさまざまな別名を持っており、オオモノヌシもその一つとされているが（『日本書紀』神代上第八段一書第六）、大神氏の系譜に登場するようになるのは、九世紀に入ってからである（『新撰姓氏録』大和国神別大神朝臣条）。また、文中の「男女の調」という語は、『日本書紀』神功皇后摂政前紀（仲哀九年十月辛丑条）にも見えているほか、『日本書紀』崇神十二年九月己丑条にも「男の弭《ゆはずの》調《みつき》、女の手末《たなすゑの》調《みつき》」という類似表現が用いられている。よって、「大国主神」や「男女の調」など個々の語については、後から付加された要素が含まれている可能性がある。

ただし、神部直氏の祖がオオクニヌシ（原伝承ではオオモノヌシか）を奉じて西国の平定に派遣され、粟鹿の地に留まったとする点は、全くの創作とは思われない。おそらくは但馬国の神部直氏の祖先伝承や、粟鹿神社の起源譚に依拠したものだろう。この記事からは、三輪山の神がたしかに軍神（征討神）としての性質を持っており、大和王権の西国進出や対外交渉の際にも、そうした役割を期待されていたことが読み取れる。

†三輪山の神と東国進出

次に、大和王権の東国進出に関する記事を取り上げる。『日本書紀』崇神四十八年正月戊子条には、

天皇、豊城命《とよきのみこと》・活目尊《いくめのみこと》に勅《みことのり》して曰はく、「汝等《いまし》二《ふたり》の子《みこ》、慈愛《うつくしび》共に斉《ひと》し。知らず、曷《いず》れをか嗣《ひつぎ》とせむ。各《おのおの》夢みるべし。朕、夢を以て占《うら》へむ」とのたまふ。二の皇子、是に、命を被《うけたまは》りて、浄沐して祈《の》みて寝たり。各夢を得つ。会明《あけぼの》に、兄豊城命、夢の辞《ことば》を以て天皇に奏《まう》して曰《まう》さく、「自《みづか》ら御諸山に登りて東に向きて、八《や》廻弄槍《たびほこゆけ》し、八《や》廻《たび》撃刀《たちかき》す」とまうす。弟活目尊、夢の辞を以て奏して言さく、「自ら御諸山の嶺《たけ》に登りて、縄を四方《よも》に絚《は》へて、粟を食む雀を逐《や》る」とまうす。則ち天皇、相夢《ゆめのみあはせ》して、二の子に謂《かた》りて曰はく、「兄は一片《ひとかた》に東に向けり。当《まさ》に東国を治《し》らむ。弟は是れ悉《あまね》く四方に臨めり。朕が位《たかみくら》に継げ」とのたまふ。

とある。これは、夢占伝承と呼ばれている。すなわち、崇神天皇が豊城命と活目尊のどちらを後継者とするかを決めるため、両者の見た夢によって占うことにした。両者は身を清めて床に就き、翌朝、自分の見た夢を天皇に報告した。兄の豊城命は三輪山に登って東の方角を向き、槍を八回突き出し、刀を八回振るう夢を見た。一方、弟の活目命は同じく御

諸山の頂上に登って縄を四方に引き渡し、粟を食べに来た雀を追い払う夢を見た。これを聞いた天皇は、両者の夢を比較した上で、東の方角を向いた豊城命には東国を治めさせ、四方に臨んだ活目尊には皇位を嗣ぐように命じた、という。

この伝承は三輪山が舞台となってはいるが、三輪山の神は直接登場していない。ただし、豊城命はこの夢占いによって、天皇から東国の統治を命じられている。言い換えれば、三輪山の山頂から東を向いて槍や刀を振ることが、豊城命の後裔氏族による東国支配の正統性の淵源となっている。ここから、三輪山の神が大和王権の東国平定に重要な役割を担っていたという点は認めてよいだろう。

次に、『日本書紀』景行五十一年八月壬子条には、

> 是に、神宮《かみのみや》に献《たてまつ》れる蝦夷《えみし》等、昼夜喧《な》き譁《とよ》りて、出入礼無《ゐやな》し。時に倭姫命《やまとひめ》の曰はく、「是の蝦夷等は、神宮に近《ちかつ》くべからず」とのたまふ。則ち朝庭《みかど》に進上《あ》げたまふ。仍りて、御諸山の傍《ほとり》に安置《さぶら》はしむ。未だ幾時《いくばくのとき》を経ずして、悉《ふつく》に神の山の樹《き》を伐《き》りて、隣里《さと》に叫《さけ》び呼《よば》ひて、人民《おほみたから》を脅《おびやか》す。天皇、聞《きこ》しめして、群卿《まへつきみたち》に詔して曰はく、「其の神山の傍に置《はべ》らしむる蝦夷は、是本《これもと》より獣《あや》しき心有りて。中国《うちつくに》に住ましめ難し。故《かれ》、其の情《こころ》の願の随《まにま》に、邦畿之外《とつくに》に班《はべ》らしめよ」とのたまふ。是《これ》今、播磨・讃岐・伊予・

安芸・阿波、凡《すべ》て五国の佐伯部の祖《おや》なり。

とあり、『日本書紀』敏達十年（五八一）閏二月条にも、

蝦夷数千、辺境《ほとり》に寇《あたな》ふ。是に由りて、其の魁帥《ひとごのかみ》綾糟《あやかす》等を召して、〈魁帥は、大毛人《おほえみし》なり。〉詔して曰はく、「惟《おもひみ》るに、儞《おれ》蝦夷を、大足彦《おほたらしひこ》天皇の世に、殺すべき者は斬《ころ》し、原《ゆる》すべき者は赦《ゆる》す。今、朕《われ》、前の例に遵《したが》ひて、元悪《もはたあしきもの》を誅《ころ》さむとす」とのたまふ。是に、綾糟等、懼然《おぢかしこま》り恐懼《かしこ》みて、乃ち泊瀬の中流に下《おりゐ》て、三諸岳に面《むか》ひて、水を歃《すす》りて盟《ちか》ひて曰《まう》さく、「臣等《やつこら》蝦夷、今より以後《のち》、子々孫々《うみのこやそつづき》、〈古語に生児《うみのこや》八《そ》十綿連《つづき》と云ふ。〉清き明《あきらけ》き心を用《も》て、天闕《みかど》に事《つか》へ奉《まつ》らむ。臣等、若し盟《ちかひ》に違《たが》はば、天地の諸の神、及び天皇の霊《みたま》、臣《やつこ》が種《つぎ》を絶《た》滅へむ」とまうす。

とある。前者の記事では、伊勢神宮に献上された蝦夷が昼夜騒いで礼を欠いているので、三輪山の麓に移されたが、またすぐに山中の樹木を伐採して近隣の人々を脅かすようになったため、最終的には畿外に移され、播磨・讃岐・伊予・安芸・阿波の佐伯部の祖になったという。

ここで蝦夷たちは、伊勢神宮においても、三輪山の麓においても「獣心」を失わなかったと描かれているが、それは蝦夷が各地に移配された理由を説明するためであり、史実ではない。むしろ注目されるのは、蝦夷が三輪山の麓に安置された（蝦夷が三輪山の神に献上された）点である。ここからは、蝦夷の服属に対して三輪山の神の霊験が期待されていたことがうかがえる。

一方、後者の記事には、蝦夷が辺境に侵寇したため、敏達天皇は魁帥である綾糟を召喚し、景行天皇の時代の前例を引き合いに出して、その首謀者を誅殺することを告げた。すると綾糟は恐れ畏まり、初瀬川の中流で三輪山に向かって、子孫の代まで清明な心をもって朝廷に奉仕することを誓い、もしそれに背いた場合は天地諸神と天皇霊が自分たちの子孫を絶やすだろうと言った、とある。

この内容は、律令制以前における服属儀礼の形態を伝えるものとして注目される[19]。問題となるのは、文中に見える「天皇霊」である。この語に関しては、岡田精司や熊谷公男の説が広く知られてきた。岡田は、天皇霊とは「天皇の威力・権威の根源」であり、三輪山はそうした「天皇霊のこもる聖地」であったとした[20]。一方、熊谷は天皇霊を「皇祖の諸霊」「歴代の天皇の諸霊全体がもつ霊力」であり、三輪山には天地諸神や天皇霊が飛来・降臨するという観念が存在しており、綾糟はそれらに対して王権への服属を誓ったとした[21]。

このように、かつては三輪山と天皇霊を結び付ける理解が主流であったが、これを批判したのが田中卓と小林敏男である。田中は、三輪山に天皇霊が鎮祭されているのであれば、天地諸神もすべて三輪山に存在したことになるが、それは不自然であると指摘し、「天皇の神霊」（『日本書紀』景行二十八年二月乙丑条）、「天皇の霊」（『同』欽明十三年〈五五二〉五月乙亥条、天武元年〈六七二〉六月丁亥条）などの類例から、天皇霊とは一定の場所に留まるものではなく、三輪山とも本来は直接関係しないものであり、綾糟の誓約はあくまでも三輪山の神に対して行われたと論じた[22]。小林も、三輪山と天皇霊を結び付ける必然性はないとした上で、「皇霊の威」（『同』景行四十年七月戊戌条）、「皇祖の霊」（『同』神功皇后摂政前紀）などの用例から、熊谷がいうところの「皇祖の諸霊」は『日本書紀』では天皇霊と明確に区別して用いられており、綾糟が誓約の対象としたのは祟り神としての三輪山の神であったとする[23]。

たしかに、天皇霊が三輪山に籠もる、あるいは飛来・降臨するとした場合には、その天皇霊と三輪山の神がいかなる関係にあるのかが説明できないことから、綾糟が誓約を行った対象はあくまでも三輪山の神であったと見るのが穏当である。とするならば、三輪山の神は蝦夷を服属させる役割が期待されていたのであり、それは軍神（征討神）としての性質にも通じると言えよう。

以上の記事からは、西国進出や対外交渉の場合と同様、東国進出においても三輪山の神が軍神（征討神）としての役割を担ったことが確認できる。こうした軍神（征討神）としての三輪山の神が大和王権の勢力拡大とともに各地に勧請・分祀され、それにともなってミワ系氏族が全国に分布するに至ったと考えられる。

†ミワ系氏族と人制・部民制

これまで見てきたように、ミワ系氏族の全国分布と軍神（征討神）としての三輪山の神の分祀・勧請を関連づける従来の理解は、おおむね首肯できる。ただし、各地に分布するミワ系氏族のすべてが、大神氏の東国・西国進出や対外交渉にともなって中央から広がっていったとは限らない。

では、ほかにどのような経緯が想定されるだろうか。【表3】の氏族を細かく見てみると、中央の大神氏と近い関係にあると思われる「三輪」や「大神」をウジナとする氏族や複姓氏族を除けば、第一に神人・神人部・神部が大半を占めていること、第二に神直氏・神部直氏など「直」のカバネを持つ氏族が多いことが指摘できる。

第一の点は、ミワ系氏族の地方における分布が、人制や部民《べのたみ》《べみん》制と深い関わりを持って展開したことを物語っている。人制は、かつては六世紀代に行われた制度とされていたが、(24)

現在はむしろ部民制に先行して五世紀代に行われ、やがて部民制の中に解消された職務分掌の制度と理解するのが主流である。[25] 厳密には、王権に奉仕する人々を「杖刀人《じょうとうじん》」「典曹《てんそう》人《じん》」といった武官・文官に大別する原初的な段階と、「倉人《くらひと》」「酒人《さかひと》」「宍人《ししひと》」など具体的な職掌に細分化する段階とがあり、同じ人制の中でも若干の年代的な隔たりが想定される。[26] ここで問題となる神人は後者に属することから、人制が行われていた時期の中でも比較的新しく、その成立年代の上限はおよそ五世紀後半と見ておきたい。

一方、部民制は、百済の部司《ぶし》制・五部《ごぶ》制の影響を受けて、五世紀末から六世紀前半に導入された制度である。[27] よって、神部が設置されたのは早くても五世紀末ということになる。神人部については、人制と部民制の両方の要素を含んでいるが、かりに部民制導入後に新たに置かれたのであれば、神部と呼称される(「人」は付さない)はずであることから、これはすでに設定されていた神人が、部民制の導入にともなって名称変更したものと理解できる。

さて、人制から部民制への移行は、単なる名称の変化に留まるものではなく、人制の段階では地方から中央に出仕する人々だけが「○○人」として組織されたのに対して、部民制の段階ではそうした人々に加えて、彼らを輩出した地方の集団も「○○部」として編成された。具体的には、中央に出仕するのが神人であり、その輩出母体となった地方の集団が神人部・神部ということになる。

もっとも、こうした呼称はあくまでも原則であり、実際には柔軟に用いられていたようである。『日本書紀』雄略七年是歳条には「漢手人部・衣縫部・宍人部」とあり、その箇所に「皆、部を読まず」との古訓を付した写本があることから、ウジナに含まれる「部」は読まれないことがあった。ミワ系氏族では、延喜五年（九〇五）「東大寺領因幡国高庭庄坪付注進状案」(28)に「神部牛丸」という人物が登場するが、同じ文書の別の箇所では「神牛丸」と記されていることから、「部」が省略され、ウジナとしての「神」と「神部」が通用されたことが分かる。各地に分布が確認される「神人」も、実際には「神人部」である場合もあっただろう。

✝ミワ系氏族と国造制

第二の点については、国造《くにのみやつこ／こくぞう》制との関係が注目される。およそ六世紀から七世紀にかけて、ヤマト王権は各地の有力氏族を国造（地方官）に任命し、その地域の支配権を保障した。一方、国造に任命された氏族はその地域を管掌し、王権に対して物資・労働力・軍事力などを提供した。こうした地方支配のシステムを国造制と言う。国造制は中央と地方を結び付ける重要な役割を果たし、王権による地方支配の中核をなした。(29)大倭《おおやまと》氏（大倭直）

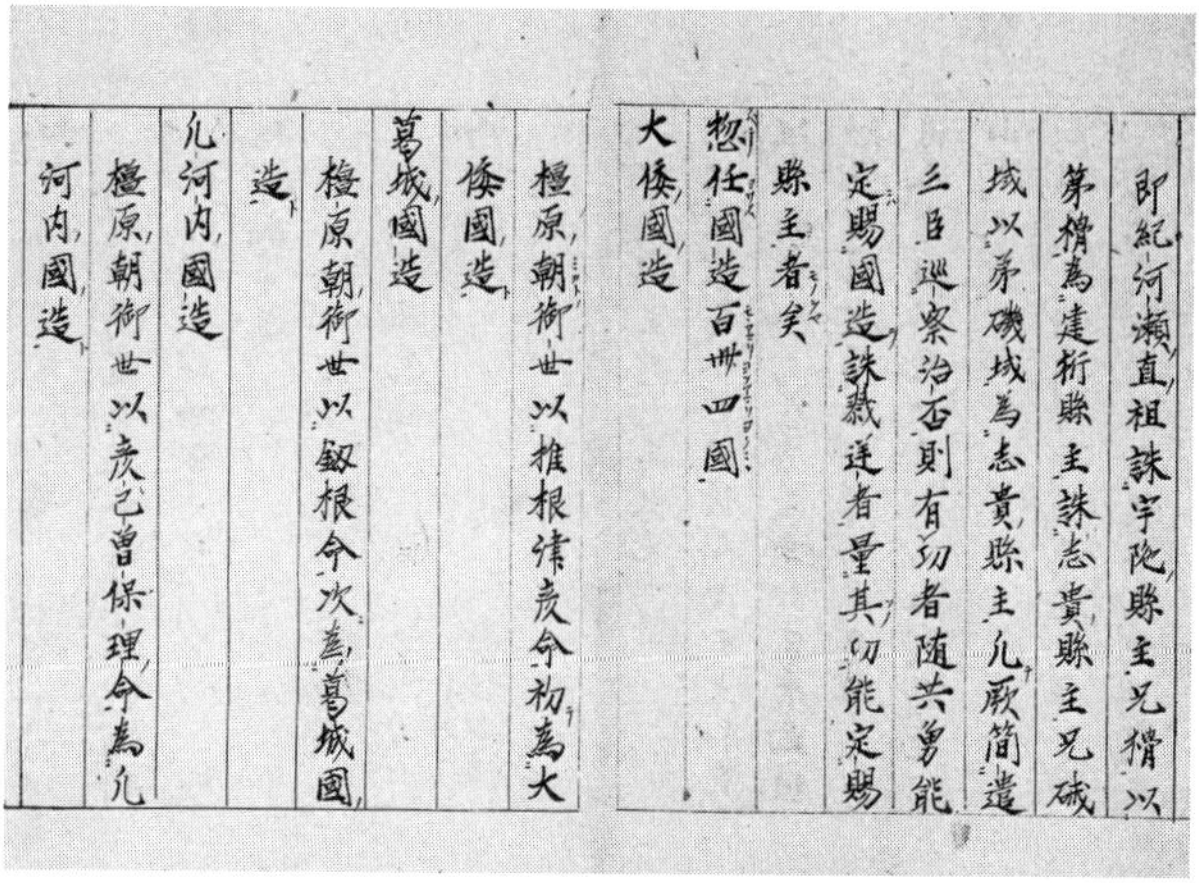
即紀河瀬直祖誅宇陀縣主兄猾以弟猾為建桁縣主誅志貴縣主兄磯城以弟磯城為志貴縣主凡厥簡遣三臣巡察治否則有功者随共勇能定賜國造誅戮逆者量其功能定賜縣主者矣
惣任國造百卅四國
大倭國造
橿原朝御世以椎根津彦命初為大倭國造
葛城國造
橿原朝御世以劔根命次為葛城國造
凡河内國造
橿原朝御世以彦己曽保理命為凡河内國造

国造本紀（天理図書館所蔵、天理図書館善本叢書・八木書店）

が大倭《やまと》国造に、葛城《かつらぎ》氏（葛城直）が葛城国造にそれぞれ任命されたように、国造に任命された氏族は「直」のカバネを持つものがきわめて多いことが知られている(30)。

これに関連して、『日本書紀』允恭十一年三月丙午条には、藤原宮に居住した衣通郎姫《そとほしのいらつめ》の名を後世に伝えるため、允恭天皇が諸国の国造に命じて藤原部を設置したとある。『日本書紀』雄略二年十月丙子条にも、大倭国造が狭《さ》穂子《ほのこ》鳥別《とりわけ》という人物を宍人部《ししひとべ》として献上し、これに続けてほかの国造らも宍人部を献上したという。こうした例から、国造を通して部が設置される場合があったことが分かる(31)。

そこで再び【表3】に戻ると、「直」のカバネを持つ氏族としては、神直氏（山城・和泉・遠江・美濃・丹波・石見・美作国）、神直族氏

（美濃国）、神部直氏（但馬・因幡国）、的大神直氏（石見国）、大神直氏（長門国）が挙げられる。
それに対して、これらの国々に所在した国造のうちで「直」のカバネを称したものは、以下の例がある（和泉国は天平宝字元年〈七五七〉に河内国から分立したため、ここでは凡河内《おおしこうち》国造を挙げた。和泉国・美作国は八世紀以降に新設された国であり、七世紀以前に国造は置かれていなかったため除外した）。

山城国造　山代《やましろ》直（『日本書紀』神代上第六段本文など）
凡河内国造　凡河内直（『同』神代上第六段本文など）
美濃国造　美濃直（『続日本紀』神護景雲二年〈七六八〉六月戊寅条）
丹波国造　丹波直（『同』延暦四年〈七八五〉正月癸亥条）
　海部《あまべ》直（『海部氏系図』）
但馬国造　神部直（『粟鹿大神元記』）
穴門《あなと》国造　穴門直（『日本書紀』神功皇后摂政前紀）

このように、各地に分布するミワ系氏族には「直」のカバネを名乗るものが多く、その地域に所在した国造の輩出氏族も「直」のカバネを称している。これは、地方におけるミワ系氏族の分布が、先に見た人制や部民制と同様に、国造制の展開とも密接な関わりを持っていたことを示している。つまり、各地に分布が確認できる神直氏・神部直氏は、これに先行して設置されていた神人・神人部・神部を在地で管掌する地方伴造として、その地域の国造勢力の一部を割いて設置されたものであり、国造に任命された氏族が「直」のカバネを称していたために、そこから分出した地方伴造も同じく「直」のカバネを名乗るようになったと理解される。

国造制の成立時期に関しては、西日本は六世紀前半、東日本は六世紀末とする説が広く知られている。(32) 筆者は、東日本・西日本ともに六世紀前半に施行されたが、国造の管掌範囲（「クニ」）の画定方法が異なっており、六世紀末にその統一が図られたとの見通しを持っている。どちらの場合でも、六世紀代に施行されたという点に変わりはない。したがって、上記のように国造を通じて各地に神直氏・神部直氏などが設置されていったのは、およそ六世紀代のことであったと見ておきたい。

ちなみに、これらの氏族が地方に分布するようになった経緯として、「その地方はえぬきの国造を三輪氏の擬制的な同族関係に編入」し、さらに「国造の姓を神部直・神直とし、国造配下の農民集団の一部を神部や田部として組織」することによって、「神部直―神部という地方にそれまで存在していた首長配下の共同体の秩序構造をそのまま利用した」場合があったとし、美濃・駿河・甲斐・信濃・但馬・丹波・因幡・美作・石見・備後・長門・筑前・豊前などの各国では、こうした方法がとられたとする説もある。(33)

しかし、少なくとも現存史料による限り、大神氏と同祖関係を形成し、かつ神部直の氏姓を称しているのは、但馬国造を輩出した神部直氏だけであり、ほかにそのような国造は見当たらない。また、中央氏族である大神氏との政治的なパイプが形成されるなど、地方に所在する国造の側に何らかのメリットがあったにしても、大神氏が各地の国造の系譜や氏姓を主導的に変更するほどの求心力を有していたかどうかは疑問である。もちろん地域によっては大神氏の意向が強く働いたケースや、ある程度まとまった範囲の人々が一括して神部などに編成されるケースはあったかもしれないが、基本的には国造勢力から分出された地方伴造としての神直氏・神部直氏が、その地域に設置された神人・神人部・神部を管掌するという形で、ミワ系氏族が地方に分布していったと考えるのが妥当だろう。

このように、ミワ系氏族の地方展開には、軍神（征討神）としての三輪山の神の勧請・分祀にともなう場合と、人制・部民制・国造制などの地方支配制度の展開にともなう場合の、少なくとも二つのパターンが存在した。この二つは決して無関係ではなく、三輪山の神を勧請した地域の人々が神部に編成される、あるいは逆に神部として編成された人々が三輪山の神を勧請するなど、互いに連関していたと推定される。

注

(1) 竹本晃「律令成立期における氏族制」(『ヒストリア』一九三、二〇〇五年)。

(2) 加藤謙吉「六・七世紀における三輪氏の氏族構造」(『大美和』一三一、二〇一六年)、同「再論6・7世紀における三輪氏の氏族構造」(『纒向学の最前線』纒向学研究センター、二〇二二年)。

(3) 拙稿「『紀伊国造次第』の成立とその背景」(『日本古代氏族系譜の基礎的研究』東京堂出版、二〇一二年、初出二〇一一年)。

(4) 『大日本古文書』四―八一。

(5) 岸俊男「光明立后の史的意義」(『日本古代政治史研究』塙書房、一九六六年、初出一九五七年)。

(6) 阿部武彦「大神氏と三輪神」(『日本古代の氏族と祭祀』吉川弘文館、一九八四年、初出一九七五年)。

(7) 阿部武彦「大神氏と三輪神」(前掲)。

(8) 加藤謙吉「六・七世紀における三輪氏の氏族構造」(前掲)。

(9) 『大日本古文書』十五―一二七。

(10) 佐伯有清『新撰姓氏録の研究』考証編三(吉川弘文館、一九八二年)。

(11) 『大神神社史料』所収。

(12) 佐伯有清『新撰姓氏録の研究』考証編三(前掲)。

(13) 『大日本古文書』二―二〇一。

(14) 『新日本古典文学大系 続日本紀』二(岩波書店、一九九〇年)補注。

（15）直木孝次郎「人制の研究」（『日本古代国家の構造』青木書店、一九五八年）、大山誠一「大化前代遠江国浜名郡の史的展開」（『日本古代の外交と地方行政』吉川弘文館、一九九九年、初出一九七五年）。
（16）『大日本古文書』二—二五八。
（17）池辺彌「古代における地方の大神神社」（『古代神社史論攷』吉川弘文館、一九八九年、初出一九七二年）。
（18）阿部武彦「大神氏と三輪神」（前掲）、和田萃「三輪山祭祀の再検討」（『日本古代の儀礼と祭祀・信仰』下、塙書房、一九九五年、初出一九八五年）。
（19）熊谷公男「蝦夷の誓約」（『奈良古代史論集』一、真陽社、一九八五年）、同「蝦夷と王宮と王権と—蝦夷の服属儀礼からみた倭王権の性格—」（『奈良古代史論集』二、真陽社、一九九一年）。
（20）岡田精司「河内大王家の成立」（『古代王権の祭祀と神話』（塙書房、一九七〇年、初出一九六六年）。
（21）熊谷公男「古代王権とタマ（霊）」（『日本史研究』三〇八、一九八八年）。
（22）田中卓「大神神社の創祀」（『田中卓著作集』一、国書刊行会、一九八七年）。
（23）小林敏男「天皇霊と即位儀礼」（『古代天皇制の基礎的研究』校倉書房、一九九四年）。
（24）直木孝次郎「人制の研究」（前掲）。
（25）篠川賢「部民制」（『日本古代国造制の研究』吉川弘文館、一九九六年、初出一九九〇年）、吉村武彦「倭国と大和王権」（『岩波講座日本通史』二、岩波書店、一九九三年）。
（26）篠川賢「国造制の内部構造」（『日本古代国造制の研究』前掲）。
（27）津田左右吉『日本上代史の研究』（『津田左右吉全集』三、岩波書店、一九六三年、初出一九四七年)、平野邦雄『大化前代社会組織の研究』(吉川弘文館、一九六九年)。
(28)『大日本古文書』家わけ第十八　東大寺文書　東南院文書二―五三七。
(29)石母田正『日本の古代国家』(岩波書店、一九七一年)。
(30)阿部武彦「国造の姓と系譜」(『日本古代の氏族と祭祀』前掲、初出一九五〇年)、井上光貞「国造制の成立」(『井上光貞著作集』四、岩波書店、一九八五年、初出一九五一年)。
(31)篠川賢『物部氏の研究』(雄山閣、二〇〇九年)。
(32)篠川賢『日本古代国造制の研究』(前掲)、同『国造』(中央公論新社、二〇二一年)。
(33)前田晴人『三輪山―日本国創世神の原像』(学生社、二〇〇六年)。

第三章
三輪山の神は地方でどのように祭られたのか

1 美和神社の神階とその変遷

†上野国の官社

本章では、三輪山の神が地方でどのように祭られていったのかを具体的に知るための事例として、上野国山田郡に鎮座した美和《みわ》神社（群馬県桐生市宮本町）を取り上げてみたい。

この神社は、社名は旧来、「美和神社」と表記されていたが、のちに「三輪神社」とも表記されるようになった。社伝[1]には、

延享元年八月二十七日、神祇管領卜部朝臣兼雄より、上野国山田郡薗田庄桐生鎮座三

美和神社

輪ノ御神号を贈進せらる。

とあり、延享元年（一七四四）、神祇管領（吉田神道の当主）である卜部兼雄から「三輪ノ御神号」を与えられたという。このことが影響して、近世以降に「三輪神社」という表記が広まったようである。その後、明治に入ってから「美和神社」に戻されている。現在の祭神はオオモノヌシとスサノオ（素盞鳴命）であるが、スサノオは明治四十一年（一九〇八）に八坂神社を合祀した際に加えられたものであり、かつてはオオモノヌシのみを祭神としていた。

まず、美和神社が古代の史料にどのように見えているかを確認しておこう。この神社は、『日本後紀』延暦十五年（七九六）八月甲戌条に、

上野国山田郡の賀茂神・美和神、那波《なわ》郡の火雷《からい》

神、並に官社と為す。

と初見する。この記事から、美和神社は山田郡の賀茂神社（桐生市広沢町）や那波郡の火雷神社（佐波郡玉村町）とともに、延暦十五年に官社となったことが分かる。官社とは、神祇官（朝廷および全国諸社の祭祀を統括する中央官庁）の統制のもとで国家的な待遇を受け、祈年《としごいの》祭《まつり》などの祭礼時に幣帛（神へささげる供物《くもつ》）を奉納された神社である。十世紀前半頃、それらを集大成したものが『延喜式』巻九　神名上・巻十　神名下であり、合わせて『延喜式神名帳』とも呼ばれる。この『延喜式神名帳』に登載された神社のことを、とくに式内社（延喜式内社）と言い、預かる祭礼の種類や幣帛の量によって、名神大社・大社・小社の三種類に分かれていた。その上野国条には、

上野国十二座。〈大三座。小九座。〉
片岡郡一座。〈小。〉
小祝《おぼり》神社。
甘楽郡二座。〈大一座。小一座。〉
貫前《ぬきさき》神社。〈名神大。〉

宇芸《うげ》神社。
群馬郡三座。〈大一座。小二座。〉
伊加保神社。〈名神大。〉
榛名神社。
甲波宿禰《かわすくね》神社。
勢多郡一座。〈大。〉
赤城神社。〈名神大。〉
山田郡二座。〈並小。〉
賀茂神社。
美和神社。
那波郡二座。〈並小。〉
火雷神社。
委文《しどり》神社。
佐位郡一座。〈小。〉
大国神社。

とあり、上野国の官社（式内社）は以上の計十二社であったことが知られる。美和神社も、山田郡の小社として記載されている。

美和神社の神階

次に、美和神社の神階について見ていこう。神階とは、朝廷が神社の祭神に奉った位階である。朝廷は役人に位階を与えるのと同じように、各地の神々にも神階を与えて序列化した。『日本三代実録』元慶四年（八八〇）五月二十五日戊寅条には、

上野国の正四位上勲八等貫前神に従三位勲七等を授く。従四位下赤城石神・伊賀保神、並に従四位上。正五位下甲波宿禰神、従四位下。正五位下小祝神・波己曾《はこそ》神、並に正五位上勲十二等。従五位上賀茂神・美和神、並に正五位下勲十二等。正六位上稲裹地《いなつつみじ》神《しん》、従五位下勲十二等。

とある。この記事からは、美和神社が元慶四年以前に従五位上を有していたこと、そして元慶四年に正五位下勲十二等を賜ったことが知られる。前後については不明であるが、社伝には、

清和天皇貞観四年五月十五日を持て、従五位下勲十二等を授けられ、其後、朱雀天皇・白河天皇・崇徳天皇・高倉天皇・後鳥羽天皇・土御門天皇・亀山天皇・後宇多天皇各朝より位階を贈進せられたり。

とある。この社伝の内容を、『日本三代実録』元慶四年五月二十五日戊寅条と比較するならば、貞観四年に従五位下を授けられたとする点は問題ない。ただし、そのほかの内容は他史料と照合することができず、とくに社伝の後半で述べられている朱雀朝から後宇多朝にかけての位階贈進については、詳しい年月日や位階が見えないことから、どこまで史実を伝えているか定かでない。「勲十二等」が共通していることから推測すれば、『日本三代実録』の「元慶四年五月二十五日に正五位下を賜った」という内容が、「貞観四年五月十五日に従五位下を賜った」と誤伝されたのかもしれない。この社伝から知られるのは、平安時代から鎌倉時代にかけて、美和神社の神階が徐々に上昇していったという程度のことだろう。

†『上野国神名帳』の美和神社

その後、美和神社は『上野国神名帳』(2)に見える。『延喜式神名帳』が全国の神社を対象としていたのに対し、『上野国神名帳』は上野国内の主要神社を記録したものであり、平安時代中期から後期の成立とされる。このように各国で作成された神名帳は、「国内神名帳」と呼ばれる。

『上野国神名帳』は、貫前神社（抜鉾《ぬきほこ》神社・抜鋒《ぬきほこ》神社とも。群馬県富岡市）所蔵の写本（一宮本）、総社《そうじゃ》神社（前橋市）所蔵の写本（総社本）、伴信友《ばんのぶとも》著『逸各国神名帳』(3)に所収されている写本（信友本）をはじめとして、多くの写本が伝存している。上記した三種類に限ってみても、その構成や神社の総数・神名・神階などに異なる点がある。

†一宮本・総社本・信友本の相違

一宮本は、冒頭に「鎮守十二社」を記した後、各郡の諸社を載せている。総社本は冒頭に前書があり、次に総社神社内に祭られている「鎮守十社」を記し（鎮守項）、さらに国内の計五四九社を郡ごとに掲載している（郡別項）。信友本は、一宮本と同じ構成であるが、総社本・一宮本よりも三十社多い計五七九社を掲載するという特徴がある。

美和神社に関する記述も、各写本の間で異なっている。一宮本・信友本の鎮守項には「従一位　美和大明神」とあり、また一宮本の郡別項（山田郡）には「従一位　三輪大明神」とある。この記述から『上野国神名帳』が作成された頃には、美和神社の神階は従一位にまで上っていたことが分かる。しかし、この記載は一宮本では鎮守項・郡別項の二箇所に見えるのに対して、信友本では鎮守項にのみ記されており、総社本には美和神社は全く登場しない。これらの相違をどのように理解するかが問題となる。

まず、総社本は冒頭にほかより一回り大きな文字で「総社大明神」と記し、これを一宮である貫前神社の母神として位置づけ、さらに国内諸社のすべてをその摂社としている。これらのことから、総社神社を貫前神社よりも上位に置こうとする政治的な主張が、総社本には込められているとする説がある。(4)また、総社本は『総社大明神草創縁起』(5)の編纂と連動して元和三年(一六一七)に作成されたものであり、古来より神主家に伝来したように見せるために奥書に改竄が加えられ、上野国府から遠隔地に所在する美和神社などは鎮守項から外されたと推定されている。(6)一宮本の方が、総社本よりも古い内容を留めているとの指摘もある。(7)

一方、信友本には改変・増補が加えられているものの、一宮本の系統に属することが奥書から分かる。信友本では美和神社だけでなく、赤城神社(群馬県前橋市)・伊香保神社(渋川市)・榛名神社(高崎市)・甲波宿禰神社(渋川市)・小祝神社(高崎市)・火雷神社・委文(倭文)神社(伊勢崎市)・宇芸神社(富岡市)の各神社が、いずれも郡別項に記されずに鎮守項にのみ見えている。これは重複を避けるために、所在郡の記載を省略したものと思われる。

とするならば、総社本の鎮守項・郡別項や、信友本の郡別項に美和神社が記載されていないのは、各写本が書写・作成された意図や、その際に加えられた改変によって削除されたことによるのであり、美和神社は本来、一宮本のように鎮守項・郡別項の両方に記載されていた可能性が高い。したがって、一部の写本に見えないからといって、美和神社が従一位であったことの信憑性を疑う必要はないだろう。

以上のことから、美和神社は延暦十五年に官社に列せられ、元慶四年以前に従五位上を、元慶四年には正五位下勲十二等を授けられた。そして、その後も位階が贈進し、ある段階で従一位に上ったと考えられる。

2 『上野国交替実録帳』の美和神社

†「正一位」と「従一位」

次に、長元三年（一〇三〇）に作成された『上野国交替実録帳《こうたいじつろくちょう》』[8]を取り上げたい。『上野国交替実録帳』とは、上野国の国司（国の長官）が交替する際に作成された引き継ぎ文書の草案である。[9] 現存する部分は合計十三の断簡《だんかん》（文書の切れはし）に分かれており、A1〜5、B1〜4、C1〜4、D、E、F、G、H、I1〜3、J1〜3、K1〜6、L、M1〜8で構成される。

このうち断簡C・D・Eは神社項と呼ばれ、上野国内に鎮座する主要な神社の施設（社殿・屋舎・鳥居・垣など）の状態や、その修造・破損・消滅の状況について記録している。断簡C4の末尾には、

山田郡
正一位美和名神社
内殿□宇

と異筆（ほかの部分とは異なる筆跡）で記されている。ここに美和神社は正一位と見えているが、これまでこの神階には疑問が呈されてきた。理由は二つある。一つは、美和神社が『上野国神名帳』では従一位とされているからである。いま一つは、『延喜式神名帳』で美和神社は小社とされているが、『上野国交替実録帳』で正一位とされている貫前（抜鉾）・

赤城・伊賀保の三社は、いずれも『延喜式神名帳』では名神大社とされているからである。ちなみに、美和神社を正一位とする史料は『上野国交替実録帳』以外に知られない。

そこで、『上野国交替実録帳』と『上野国神名帳』の両方に掲載され、神階の比較が可能な神社を抽出したものが【表4】である。これによれば、貫前（抜鉾）・赤城・伊賀保の三社はどちらの史料にも正一位とあるが、美和・宇芸・火雷・委文の四社は神階が異なっている。美和神社を除く宇芸・火雷・委文の三社は、『上野国交替実録帳』にそれぞれ正三位・正二位・正三位とあるのに対して、『上野国神名帳』ではいずれも従一位となっており、前者より後者の方が、神階が上である。このことは『上野国交替実録帳』が作成された長元三年から神階が上昇し、三社とも従一位となった後に『上野国神名帳』が作成されたことを示唆する。

それに対して、美和神社は『上野国交替実録帳』では正一位、『上野国神名帳』では従一位となっており、この傾向に当てはまらない唯一の事例である。とするならば、『上野国交替実録帳』の「正一位」は単純な誤記と見るのが妥当だろう。長元三年時点での美和神社の神階は不明であるが、『上野国交替実録帳』神社項に見える諸社はすべて正位《しょうい》（正一位など、同一等級の上位）であり、従位《じゅうい》（従一位など、同一等級の下位）が見られないことからすれば、「従一位」を「正一位」に誤ったものと思われる。

郡	神社名	上野国 交替実録帳	上野国神名帳		
			総社本	一宮本	信友本
甘楽郡	抜鉾	正一位	（鎮守項） 正一位 （郡別項） ×	（鎮守項） 正一位 （群別項） 正一位	（鎮守項） 正一位 （郡別項） 正一位
	宇芸 （宇岐） （宗岐）	正三位	（鎮守項） × （郡別項） 従一位	（鎮守項） 従一位 （郡別項） 従一位	（鎮守項） 従一位 （郡別項） 従一位
勢多郡	赤城	正一位	（鎮守項） 正一位 （郡別項） ×	（鎮守項） 正一位 （郡別項） 正一位	（鎮守項） 正一位 （郡別項） ×
群馬郡	伊賀保	正一位	（鎮守項） 正一位 （郡別項） ×	（鎮守項） 正一位 （郡別項） 正一位	（鎮守項） 正一位 （郡別項） ×
山田郡	美和	正一位	（鎮守項） × （郡別項） ×	（鎮守項） 従一位 （郡別項） 従一位	（鎮守項） 従一位 （郡別項） ×
那波郡	火雷	正二位	（鎮守項） 従一位 （郡別項） ×	（鎮守項） 従一位 （郡別項） 従一位	（鎮守項） 従一位 （郡別項） ×
	委文 （倭文）	正三位	（鎮守項） 従一位 （郡別項） ×	（鎮守項） 従一位 （郡別項） 従一位	（鎮守項） 従一位 （郡別項） ×

表４ 『上野国交替実録帳』と『上野国神名帳』の神階の比較

※『上野国交替実録帳』所載の神社のうち、神階が記載されていないものは除外した。
※赤城神社は『上野国交替実録帳』のC3とＥ断簡、伊賀保神社はC4とＥ断簡、委文神社はＤとＥ断簡の二箇所にそれぞれ見えるが、いずれも神階は同じである。
※「×」は記載がないことを示す。

†断簡C4と断簡Eの重複

　こうした誤記が生じた背景には、『上野国交替実録帳』のこの部分が異筆で記されていることが関係している。『上野国交替実録帳』の現存部分が複数の断簡に分かれていることは先に述べたが、そのうち断簡C4の末尾（現存する山田郡の部分の末尾）は途中で裁断され、内容的に後続する断簡D（那波郡）との間には欠落している部分がある。よって、異筆は断簡C4とDの間の欠落部分に存在した山田郡の末尾まで続いていたはずである。さらに、神社項に記載された神社名は「伊賀保明神社」などのように「明神社」とするものが多いが、美和神社の場合は「美和名神社」とある。このように社名の末尾を「名神社」に作るのは、『上野国交替実録帳』の中で美和神社だけである。

　これらの点は、神社項の中でも山田郡の部分が、その前後とは異なる成立過程を辿った（異なる原資料によった）ことを示唆する。『上野国交替実録帳』は、冒頭から順に作成されたものではなく、大項目（その前段階では小項目）単位で作成されたとする説もある。(10)

　ここで留意しておきたいのは、断簡C・DとEとの間に重複が認められることである。具体的には、断簡C1に貫前（抜鉾）神社、断簡C3に赤城神社、断簡C4に伊賀保神社、断簡Dに委文神社が見えているが、これらの諸社は断簡Eにも見えている。

この重複に関しては、断簡C・Dで抹消記号や合点《がってん》（照合した際に付す鉤型の印）が付された神社が断簡Eでは記されていないことや、断簡C・Dでは数字に小字《しょうじ》（「一」「二」「三」など、通常使われる漢数字）を用いるのに対し、断簡Eでは大字《だいじ》（「壱」「弐」「参」など、重要書類で使われる漢数字）を用いていることなどから、はじめに断簡C・Dが第一次草案として作成され、その校閲を経て、断簡Eが第二次草案として作成されたとする説(11)や、断簡C・Dと断簡Eの間に現存しない第二次草案が存在したとし、断簡Eは第三次草案とする説が出されている(12)。

これらを踏まえた上で、断簡C4（前掲）の美和神社に関する記載を改めて見てみると、そこには抹消記号や合点などは全く付されていない。そして、注目すべきは断簡Eに、

山田郡
□神社
向殿壹宇

と見えることである。この記載は、伊賀保神社と委文神社の間に置かれているが、断簡C4～Dは、

群馬郡

　伊賀保神社

　宿禰神社

　若伊賀保《わかいかほ》神社

　榛名神社

吾妻郡

　（記載なし）

山田郡

　美和神社

那波郡

　火雷神社

　委文神社

という順番で記されており、この範囲で抹消記号が付された神社を削除していくと、伊賀保神社→美和神社→委文神社という順に並ぶ。よって、断簡Eの当該部分は、美和神社について述べていることが明らかであり、断簡Ｃ４と断簡Ｅを照合させることで、これまで判読不能であった文字を補うことができる。

断簡Ｃ４の復元

まず、断簡Ｃ４の「内殿□宇」である。ここは右半分を残して料紙が裁断されており、わずかな残画《ざんかく》から推定されたものである。一般的に「内殿」とは、人々が礼拝する「外陣」に対して、御神体を安置する「内陣」と同義であり、本殿の意味とされている。ただし、「内殿」の語はここ以外に見えない。また、貫前（抜鉾）神社に「借玉殿」、赤城神社に「御玉殿」、伊賀保神社などには「玉殿」とあり、この「玉殿」が本殿に該当するならば、「内殿」は本殿以外を指すことになる。

それに対して、断簡Ｅには「向殿」とある。「向殿」は、神社項の中では赤城神社に「御向殿」、委文神社に「向殿」とあり、類似の用例として「向屋」という語が伊賀保神社など複数の箇所に見える。神社項のほか、諸郡官舎項（断簡Ｌ・Ｍ１〜Ｍ６）にも頻見する。諸郡官舎項の「向屋」は、「庁屋」や「宿屋」といった施設の中心的な屋舎に続けて記載されることが多く、これと向き合うように配置された屋舎を指す。

とするならば、「向殿」も「玉殿」（本殿）と向き合うように配置された何らかの社殿か、あるいは本殿と一対をなす拝殿を意味するのだろう。よって、断簡C4の「内殿」は、正しくは「向殿」と読むべきである。また、三文字目は断簡Eに「壹」とあることから、断簡C4は小字の「一」と見て間違いない。これらのことから、断簡C4で「内殿□宇」と読まれてきた箇所は、「向殿一宇」と修正できる。

一方、断簡Eの「[　　　　]神社」は、断簡C4との比較から、すでに「正一位美和名神社」と復元する案が出されている。[13] 判読しがたいが、「神」の上には「名」の残画がわずかに見えており、「名」の字形も薄く視認できる。したがって、ここに「正一位美和名神社」とあったことは間違いない。「神社」の文字が、直後に置かれた「正三位委文明神社」の「神社」と比べて若干高い位置にあるが、これは「正一位」の「一」が詰めて書かれていたためだろう。以上を整理するならば、次のようになる。

断簡C4

（従来の読み）

山田郡

正一位美和名神社

内殿□宇

（修正後の読み）

山田郡

　正一位美和名神社

　　向殿一宇

断簡E

（従来の読み）

山田郡

　□□□□□神社

　　向殿壹宇

（修正後の読み）

山田郡

　［正一位美和］名神社

　　向殿壹宇

3 蝦夷の征討

†軍神としてのオオモノヌシ

前述のとおり、美和神社は延暦十五年に官社となり、元慶四年には正五位下勲十二等を授けられた。上野国で官社となった時期が判明するのは、美和神社と賀茂神社・火雷神社のほかに、甲波宿禰神社と委文神社がある。甲波宿禰神社は『日本文徳天皇実録』嘉祥三年（八五〇）十二月庚戌条に、

詔すらく、上野国の甲波宿禰神を以て、官社に列す。

とあり、委文神社は『日本三代実録』貞観元年（八五九）八月十七日庚子条に、

上野国の正六位上委文神、官社に列す。

とある。これらの記事から、甲波宿禰神社は嘉祥三年、委文神社は貞観元年に官社となったことが分かる。よって、五社のうちでは、美和神社は賀茂神社・火雷神社と並んで早い段階で官社化されたことになる。

かつてはこのことから、美和神社は『日本後紀』の現存する巻の中で「官社に列せられた神社としては、関東最初の例」であり、「上野はおろか関東に於ける優位」にあったとし、「他社に先んじて早くも官社に列したほど朝廷の恩遇を蒙っていた」と考えられていた。[14] しかし、これはあくまでも史料が現存している範囲でのことである。『日本後紀』は散逸《さんいつ》してしまった巻が多く、その中にも官社化の記事が含まれていたと推定される。

たとえば、宝亀三年（七七二）十二月十九日太政官符[15]によれば、武蔵国の小野神社（東京都多摩市）が天平勝宝七年（七五五）の時点で官社であったことが知られるが、小野神社が官社となった記事は『続日本紀』に見えない。国家が編纂した歴史書には、全国の諸社がいつ官社となったのかが網羅的に記録されているわけではないのである。

さらに、『延喜式神名帳』では美和神社は小社とされているのに対して、貫前（抜鋒）・赤城・伊加保の三社は名神大社とされている。『続日本後紀』承和六年（八三九）六月甲申条には、上野国の無位《むい》抜鋒神・赤城神・伊賀保神、並に従五位下を授け奉る。

とあるように、上記三社は美和神社より約四十年も前に神階を与えられており、美和神社が正五位下となった元慶四年には、貫前神社は従三位、赤城神社・伊可保神社は従四位上になっている。これらのことから、名神大社と小社の社格には大きな開きがあり、貫前・赤城・伊加保の三社は美和神社に先がけて官社に預かっていたと思われる。よって、従来説のように、他社と比較して美和神社だけがとくに朝廷の恩遇を受けており、そのことが官社化につながったとは言えないだろう。

では、どのような経緯で、美和神社の官社化や神階奉授が行われたのだろうか。ここでは、次の二点を指摘したい。

第一は、美和神社の祭神とされるオオモノヌシの性質である。第二章で詳述したように、オオモノヌシは軍神（征討神）としての性質を有しており、大和王権が各地の勢力を服属させる際に、その役割が期待された。上野国に美和神社が創祀された理由も、こうした軍神としてのオオモノヌシが大和王権の勢力拡大とともに各地に勧請・分祀されたことに求めることができる。

第二に注目したいのは、第一点目とも関連するが、蝦夷の征討である。この点について、従来の研究では簡単に触れられるのみであったが、(16) ここではより詳しく述べたい。

美和神社が官社となった延暦十五年以前の状況を概観するならば、宝亀五年（七七四）に蝦夷が桃生城《ものう》へ侵攻し、のちに三十八年戦争と呼ばれる蝦夷との抗争が開始された。宝亀十一年（七八〇）には伊治呰麻呂の乱が勃発し、多賀城と伊治城が焼亡して混乱が東北地方全体に拡大した。天応元年（七八一）に桓武天皇が即位すると、東北への大規模な派兵が複数回にわたり実施されるが、延暦八年（七八九）の第一次征討では胆沢の戦いで大敗を喫した。そして、延暦十三年（七九四）の第二次征討でようやく勝利を収め、延暦十四年（七九五）には征夷大将軍の大伴弟麻呂が節刀返上の儀を執り行い、ここにきて東北情勢はひとまず安定した。美和神社が官社に預かったのは、まさにその翌年なのである。

こうした桓武朝の蝦夷征討には、上野国の人々が多く参加したことが確認できる。『続日本紀』延暦七年（七八八）三月辛亥条には、

勅を下して、東海・東山・坂東の諸国の歩騎五万二千八百余人を調へ発《た》て、来年《きたるとし》の三

月を限りて、陸奥国の多賀城《たがじょう》に会《つど》はしむ。

とあり、第一次征討に先立って、東海・東山両道の坂東諸国から歩兵と騎兵あわせて五万二千八百人が徴発されている。一方、第二次征討に参加した兵士の数は、十万人にも及んだとある（『日本後紀』弘仁二年〈八一一〉五月壬子条）。この時にも東海・東山両道に使者を派遣して兵士と武具の検閲を実施していることから（『続日本紀』延暦十年〈七九一〉正月己卯条）、前回とほぼ同じ地域の人々が動員されたと推定される。

このように、蝦夷征討の際には多くの人々が兵士として徴発されたが、その対象となった地域には上野国も含まれていた。試算ではあるが、兵数を坂東八カ国（上野・下野・常陸・武蔵・相模・上総・下総・安房）で割ると、一国あたり第一次は約六千六百人、第二次は約一万二千五百人となり、これを上野国十四郡で均等に負担した場合、一郡あたり第一次は約五百人、第二次は約九百人となる。かりに上野国山田郡から同程度の人数が動員されたとしたならば、その中には美和神社を奉祭する人々が数百人単位で含まれていた可能性がある。

また、『日本文徳天皇実録』嘉祥三年五月丙申条には、戦地での兵士の様子が伝えられている。それによれば、慶雲二年（七〇五）に蝦夷が反乱を起こした際、武蔵国播羅《はら》郡（埼玉県熊谷市北部・深谷市北東部一帯）の人々が、地元で信仰していた奈良神社《ならの》（埼玉県熊谷市中奈良）の祭神を奉戴して戦闘に臨んだところ、勝利を重ね、死傷することなく無事に故郷へ帰還できた。このことが契機となり、のちに奈良神社が官社に列せられたのだという。

こうした関係は、上野国から徴兵された人々と美和神社についても当てはまるだろう。つまり、桓武朝の第一次・第二次征討で上野国山田郡から徴発された兵士の中には、美和神社（その祭神である軍神としてのオオモノヌシ）を奉祭する人々が数多く含まれており、彼らが戦地で功績を挙げたことや、あるいは無事に帰還できたことなどを契機として、美和神社の蝦夷征討に対する霊験が認められ、美和神社が官社化されるに至ったと考えられる。

†元慶の乱と美和神社

とするならば、元慶四年に実施された美和神社への神階奉授についても、同様に理解できる。この時期には、元慶二年（八七八）に出羽国の蝦夷（俘囚《ふしゆう》）によって秋田城が急襲され、元慶の乱が勃発している。これを鎮圧するために派遣された軍勢について、『日本三代実録』元慶二年四月二十八日癸巳条には、

今、上野・下野等の国に勅すらく、各一千兵を発《おこ》せ。

とあり、上野国から千人の兵士が徴発されたことが分かる。また、『同』元慶二年七月十日癸卯条によれば六百余人、『同』元慶三年（八七九）三月二日壬申条によれば八百人が、上野国から兵士として動員されている。

そして、これに対応するかのように、動乱が収まった元慶三年から四年にかけて、上野国の諸社に対する神階奉授の記事が集中している。まず、『日本三代実録』元慶三年閏十月四日庚寅条には、

上野国の正四位下勲八等貫前神に正四位上を授く。従五位下波己曽神・若伊賀保神、並に従五位上。

とあり、貫前神社に正四位上、波己曽神社（群馬県富岡市）・若伊賀保神社（渋川市）に従五位下が授けられた。『同』元慶四年五月二十五日戊寅条（前掲）では、美和神社と賀茂神社に正五位下勲十二等が与えられたほか、貫前神社に従三位勲七等、赤城神社・伊賀保神社に従四位上、小祝神社・波己曾神社に正五位上勲十二等、甲波宿禰神社に従四位下、稲裏地神社（甘楽郡甘楽町・下仁田町）に従五位下勲十二等が授けられた。さらに、『同』元慶四

年十月十四日甲午条には、

上野国の正五位下若伊賀保神に正五位上を授く。

とあり、同年には若伊賀保神社にも正五位下が与えられている。

これらを踏まえるならば、元慶四年における美和神社への神階奉授は、元慶二年に始まった蝦夷（俘囚）の反乱が鎮静化したことを受けて、上野国の諸社に対して広く行われた神祇政策の一環であったととらえることができる。すなわち、元慶の乱に際して上野国から出羽国へ派遣された兵士の中に美和神社を奉ずる人々が多く含まれていたことから、美和神社には蝦夷征討に対する霊験があったとして、正五位下勲十二等が贈られたと考えられるのである。

†甲斐国・下野国の動向

最後に、大神氏に関連する他国の神社の動向を見ておこう。『日本三代実録』元慶四年二月八日壬辰条には、甲斐国の従四位上勲十二等物部神に正四位下を授く。正五位上美和神に従四位下。

とあり、『同』元慶四年八月二十九日庚戌条にも、

下野国の従五位下三和《みわ》神に正五位上を授く。

とある。これらの記事からは、上野国の美和神が神階を授かった元慶四年に、甲斐国の美和神にも従四位下、下野国の三和神にも正五位上が与えられたことが知られる。前者は『延喜式神名帳』甲斐国巨麻郡の神部《かんべ》神社（山梨県南アルプス市）、後者は下野国那須郡の三和神社（栃木県那須郡那珂川町）と見られる。

元慶の乱に下野国の人々が動員されたことは、『日本三代実録』元慶二年四月二十八日癸巳条・元慶三年三月二日壬申条から確認される。甲斐国からもやはり兵士が徴発され出羽国へ派遣されていた（『同』元慶二年六月二十一日乙酉条）。したがって、両社の場合も、上野国の美和神社と同様、オオモノヌシが持つ軍神としての性質や、蝦夷征討に対する霊験などを背景として、神階奉授が実施されたと理解することができよう。

注

（1）前原勝興『延喜式内郷社美和神社由緒』（一九二二年）。
（2）三橋健校注『神道大系神社編一　総記』（神道大系編纂会、一九八六年）所収。
（3）豊橋市図書館羽田八幡宮文庫所蔵。
（4）尾崎喜左雄『上野国神名帳の研究』（尾崎先生著書刊行会、一九七四年）。
（5）『群馬県史』資料編十四（一九八六年）所収。
（6）岡田荘司「上野国一宮・総社と『神名帳』『神道集』」（『大倉山論集』四三、一九九九年）。
（7）神保侑史「伴信友書写の上野国神名帳について」（『群馬文化』一九四、一九八三年）。
（8）『群馬県史』資料編四（一九八五年）所収。
（9）前沢和之『上野国交替実録帳と古代社会』（同成社、二〇二一年）。
（10）前沢和之「史料解説 上野国交替実録帳」（『群馬県史』資料編四、一九八五年）。
（11）前沢和之「史料解説 上野国交替実録帳」（前掲）。
（12）川原秀夫「上野国における平安時代の神社行政」（『ぐんま史料研究』一六、二〇〇一年）。
（13）川原秀夫「上野国における平安時代の神社行政」（前掲）。
（14）周東隆一「古代の上野と祭祀」（『桐生市史』別巻、一九七一年）。
（15）天理大学附属天理図書館所蔵。
（16）周東隆一「古代の上野と祭祀」（前掲）、川原秀夫「上野国における平安時代の神社行政」（前掲）、中村光一「列官、神階授与に見る上野国内の諸社の動向」（『群馬文化』三〇七、二〇一一年）。

第四章
大神氏は対外交渉にどう関わったのか

1　武蔵国高麗郡の設置

†高句麗の遺民たち

第一章でも述べたように、大神氏の中には三輪山での国家祭祀のほかに、さまざまな分野で活躍した人物がいた。本章では、とくに朝鮮半島の高句麗《こうくり》との対外交渉において、重要な役割を果たした大神氏の人物に焦点を当ててみたい。

天智七年（六六八）、唐・新羅連合軍の攻撃によって高句麗が滅亡した。その遺民には唐へ強制移住させられた人々や、新羅へ亡命した人々、渤海の建国に参加した人々のほか、日本列島へ移り住んだ人々がいた。そのことは、次のように記録されている。

『日本書紀』天武十四年（六八五）二月庚辰条
大唐《もろこし》人・百済人・高麗《こま》人、并《あはせ》て百四十七人に爵位を賜ふ。

『同』天武十四年九月庚午条
化来せる高麗人等に、録を賜ふこと各差《しな》有り。

『同』持統称制前紀（朱鳥元年〈六八六〉閏十二月条）
筑紫大宰《つくしのおおみこともち》、三つの国、高麗・百済・新羅の百姓男女、并て僧尼六十二人を献《たてまつ》れり。

このうち『日本書紀』天武十四年二月庚辰条には、唐・百済・高句麗から到来した計一四七人に爵位を賜ったとある。天武十四年九月庚午条でも、来日した高句麗人に禄を与えたとある。持統称制前紀では、筑紫大宰（のちの大宰府に相当）から高句麗・百済・新羅の男女や僧尼六十二人が献上されたとある。また、霊亀三年（七一七）十一月八日太政官符（『令集解《りょうのしゅうげ》』賦役《ぶやく》令15没落外蕃《ぼつらくげばん》条所引）には、高句麗・百済の滅亡後に日本へやってきた人々に対して、終身にわたり課役を免除することを定めている。

ちなみに、これらの史料に登場する「高麗」とは、のちに朝鮮半島に成立した高麗《こうらい》（九一八～一三九二）ではなく、古代に朝鮮半島北部を領した高句麗（?～六六八）のことを指している。当然ながら記録に残っていない人々もいたはずであり、列島に渡った高句麗人はかなりの数に上っただろう。

そうした人々は列島内に居所を定められ、中には適地へ遷される場合もあった。『日本書紀』持統元年（六八七）三月己卯条には、

投化せる高麗五十六人を以て、常陸国に居《はべ》らしむ。田を賦《たま》ひ、稟《かて》を受《たま》ひて、生業《なりはひ》に安からしむ。

とあり、高句麗人五十六人を常陸国へ移住させている。そして、『続日本紀』霊亀二年（七一六）五月辛卯条には、

駿河・甲斐・相摸・上総・下総・常陸・下野の七国の高麗人千七百九十九人を以て、武蔵国に遷し、高麗《こま》郡を置く。

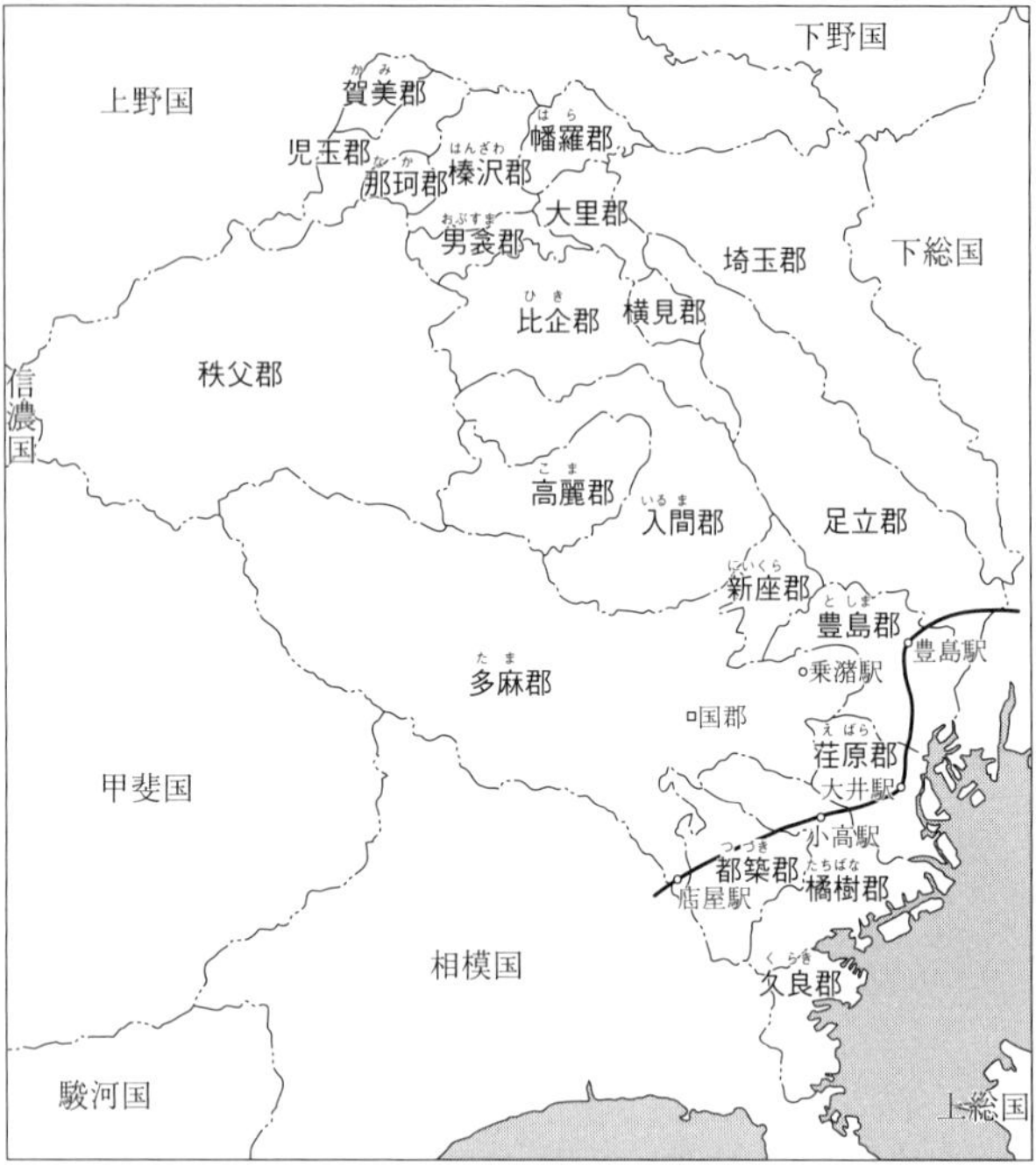

図２　武蔵国と高麗郡（『日本古代道路事典』をもとに作成）

とあり、甲斐・駿河・相模・上総・下総・常陸・下野の計七カ国に居住していた高句麗人千七百九十九人が武蔵国へ遷され、高麗郡（埼玉県日高市・飯能市一帯）が建郡された（【図2】）。

各地から高麗郡へ実際に人々が移ってきたことは、郡域に含まれる堂ノ根《どうのね》遺跡（飯能市）や女影《おなかげ》廃寺（日高市）など複数の遺跡から、各国の土器や瓦が出土していることからも確認できる。(1)『和名類聚抄』によれば、高麗郡は高麗郷（日高市高麗本郷）と上総《かみつふさ》郷（飯能市平松・芦苅場）の二郷で構成されており、上総郷が単独で存在することから、とりわけ上総国からの移住者が多かったようである。

高麗郡の設置理由

武蔵国に高麗郡が建てられた理由については、さまざまな見方が提示されている。それらを整理するならば、次のようになる。

・高麗郡が置かれた当時の議政官の構成氏族と、武蔵国司や武蔵国の在地氏族との結びつきを想定する説。(2)
・渡来系の人々を集住させ、地域の開拓を進めるためとする説。(3)
・高麗郡が地方行政を整備する上での「モデル」としての役割を担ったとする説。(4)

・各地に分散していた高句麗系遺民の集住を要望する動きに応えるためとする説。(5)
・渡来系の人々に対する優遇政策を遂行するためとする説。(6)
・渡来系の人々の生活・慣習を維持できる場として、同国人による地域区画の形成と支配を認めたとする説。(7)
・「反畿内的で在地性の強い」北武蔵に高句麗人を集住させて、「律令体制を浸透させる」ためとする説。(8)
・日本型の中華思想(小中華主義)にもとづき、日本が高句麗の王権を国内に取り込んだことを示す政治的意図があったとする説。(9)
・対蝦夷政策における後方の兵站基地としての充実をはかったとする説。(10)
・八世紀前半に全国的に実施された国郡再編の一環としての側面を重視する説。(11)

おそらく高麗郡の設置理由はこれらのうちの一つだけはなく、いくつかの要因が複合的に絡み合っていると思われるが、ここでは一点目に挙げた武蔵国司に注目したい。

2 武蔵守としての大神狛麻呂

†大神狛麻呂の経歴

高麗郡が置かれた霊亀二年、武蔵守（武蔵国司の第一等官）の任にあったのは、大神狛麻《こまま》呂《ろ》であった。この人物は、大神氏の本宗の出身であり、壬申の乱で戦功を挙げて中納言にまで上った高市麻呂や、摂津大夫・兵部卿などを歴任した安麻呂の弟に当たる。狛麻呂の経歴は、次のとおりである。

『続日本紀』慶雲元年（七〇四）正月癸巳条
正六位上（略）大神朝臣狛麻呂（略）並に従五位下を授く
『続日本紀』和銅元年（七〇八）三月丙午条
従五位上大神朝臣狛麻呂、丹波守と為す。
『続日本紀』和銅四年（七一一）四月壬午条
従五位上（略）大神朝臣狛麻呂（略）並に正五位下。

『続日本紀』霊亀元年（七一五）四月丙子条
正五位下（略）大神朝臣狛麻呂（略）並に正五位上。

『続日本紀』霊亀元年五月壬寅条
正五位上大神朝臣狛麻呂、武蔵守と為す。

これらによれば、狛麻呂は慶雲元年に正六位上から従五位下となった。和銅元年には丹波守に任じられ、この時には従五位上であった。和銅四年には正五位下、霊亀元年には正五位上となり、同年に前述のとおり武蔵守に任命されたことが知られる。養老三年（七一九）には、多治比県守《たじひのあがたもり》が武蔵守として見えることから（『続日本紀』養老三年七月庚子条）、狛麻呂はそれ以前に武蔵守を退いたようである。

卒伝などは残されておらず、これ以上の事績は未詳である。ただし、仁和三年（八八七）に大神良臣が提出した叙任に関する訴状の中で、狛麻呂は正五位上と記されていることから（『日本三代実録』仁和三年三月乙亥朔条）、これが極位《ごくい》（その人物が任じられた最高位）であったと推定される。

†「狛」と「高麗」の通用

さて、狛麻呂がその名に冠している「狛」という文字は、しばしば「高麗」と通用される。その場合は高句麗の意味で用いられることが、以下の史料から確認できる。たとえば、『日本書紀』欽明七年（五四六）是歳条には、

> 高麗、大きに乱る。凡〈す〉べて闘ひ死ぬる者二千余。〈百済本記に云、高麗、正月の丙午を以て、中夫人の子を立てて王と為す。年八歳。狛王に三《みたり》の夫人有りき。（略）狛王の疾篤《やまひ》するに及《いた》りて、細群《さいぐん》・麁群《そぐん》、各其の夫人の子を立てむとす。故《かれ》、細群の死ぬる者、二千余人なりといふ。〉

とある。この記事は、高句麗王の継承をめぐって後宮を中心に大規模な争いが起こったことを伝えたものであるが、冒頭に「高麗」とあるのを後段で「狛」と言い換えている。ほかにも、百済・新羅・任那との関係で「狛」が登場するなど、「狛」が高句麗を指していることが明らかな用例は多い（『日本書紀』雄略二十年条、欽明九年〈五四八〉六月壬戌条、欽明十一年〈五五〇〉四月乙未条、欽明十四年〈五五三〉八月丁酉条、欽明十五年〈五五四〉十二月条など）。

また、『新撰姓氏録』山城国諸蕃高麗　狛造条には、

狛造《こまのみやつこ》　高麗《こまの》国主《こにきし》夫《ふ》連《れん》王《おう》自《よ》り出づ。

とあり、高句麗に出自をもつ氏族がそのウジナに「狛」の語を含む例が知られる。こうした氏族名も多く見られる（『新撰姓氏録』右京諸蕃高麗　狛首条、河内国諸蕃高麗　大狛連条、未定雑姓河内国　狛染部条・狛人条）。この場合の「狛」も、高句麗の意味で用いられている。

山城国の大狛郷・下狛郷

さらに、『和名類聚抄』によれば、山城国相楽《さからか》郡には大狛《おおこま》郷・下狛《しもつこま》郷（京都府山城町上狛・精華町下狛）が所在した。この地名は、天平宝字五年（七五三）「造金堂所解案[12]」に「狛村」、年月日未詳「相楽郡司解[13]」に「大狛郷」、安和二年（九六九）七月八日「法勝院領目録[14]」に「大狛庄」とも見える。『続日本紀』和銅四年（七一一）七月戊寅条には、

山背国相楽郡の狛部宿禰《こまべのすくね》奈売《なめ》、一たびに三男を産みつ。絁《あしぎぬ》二疋、綿二屯、布四端、稲二百束、乳母一人を賜ふ。

とあり、天平勝宝五年（七五三）六月十五日「智識優婆塞等貢進文[15]」にも、

狛人《こまひと》黒麻呂。〈年十五。山城国相楽郡の戸主狛人麻嶋の戸口。〉

あるように、この付近には狛部氏や狛人氏が居住していた。『日本書紀』天武十年（六八一）四月庚戌条にも山背狛烏賊《やましろのこまのいか》麻呂《まろ》なる人物が見えており、やはり山背国相楽郡を本拠とする氏族だろう。先に触れた狛造氏も同様に理解される[16]。

このように「狛」をウジナに含む氏族が多数関係する大狛郷・下狛郷は、『行基年譜』では「高麗里」と言い換えられ、この地には「高麗寺」も建立されていた（『日本霊異記』中巻第十八縁）。現在の京都府木津川市山城町上狛には、その寺跡が残っている。また、『日本書紀』欽明二十六年（五六五）五月条には、

高麗人の頭霧唎耶陛《ずむりやへ》等、筑紫に投化《まうき》て、山背国に置《はべ》り。今の畝原《うねはら》・奈羅《なら》・山村の高麗人の先祖なり。

高麗寺跡(木津川市教育委員会提供)

とあり、日本にやって来た高句麗人の頭霧唎耶陛という人物が、山背国へ遷され畝原・奈羅・山村の高句麗人の先祖になったとある。山村とは、山城国相楽郡内の地名である(『新撰姓氏録』山城国皇別　日佐条)。『日本三代実録』貞観三年(八六一)八月十九日庚申条も、欽明天皇の時代に大伴《おおとも》狭手《のさて》彦《ひこ》が百済を救援するため大将軍として派遣され、高句麗を討伐して多くの宝物を持ち帰り、帰国した際には高句麗人の捕虜を献上し、彼らが山背国の狛人の祖になったと伝えている。さらに、山城国には高句麗人の東部《とうほう》黒麻呂という人物が居住していたことも見える(『日本後紀』弘仁二年〈八一一〉八月己丑条)。

以上のことから、山城国相楽郡大狛郷・下狛郷の「狛」や、そこに居住した狛造氏・狛部氏・大狛造氏・山背狛氏などの「狛」は、高句麗に由来することが確認できる。漢字表記では異なる「狛」と「高麗」であるが、その意味が通じることからすれば、名前に「狛」を含む大神狛麻呂も、高句麗人と何らかの関係を有していた可能性がある。

†武蔵守の影響力

では、高麗郡設置当時に武蔵守の任にあった狛麻呂は、武蔵国に関連する政策に対してどの程度の影響力を有していたのだろうか。そこで参考となるのが、高麗郡に本拠を持ち、聖武から桓武まで六代の天皇に仕え、武蔵守に三度も任命された高麗福信《こまのふくしん》という人物である（天平勝宝八年〈七五六〉「法隆寺献物帳」[17]など）。福信の祖父の福徳《ふくとく》は、高句麗が滅亡した際に日本へ到来し、武蔵国に居住したと伝えられる（『続日本紀』延暦八年〈七八九〉十月乙酉条）。

福信の武蔵守在任中には、『続日本紀』天平宝字二年（七五八）八月癸亥条に、

帰化《まゐおもむ》きし新羅の僧三十二人、尼二人、男十九人、女二十一人を武蔵国の閑地に移す。是に始めて新羅郡を置く。

とあるように、新羅郡（埼玉県新座市・和光市・志木市一帯）が設置された。高麗郡と同様、渡来系の人々を集住させることで、地域の開拓を促進するねらいがあったものと思われる。

この政策は、藤原仲麻呂政権下で行われた。当時、仲麻呂は紫微内相《しびないしょう》と中衛大将を兼ねていた（『続日本紀』天平宝字元年〈七五七〉五月丁卯条など）。それに対して、高麗福信は紫微《しび》少弼《しょうひつ》と中衛少将を兼ねていた（『続日本紀』天平勝宝元年〈七四九〉八月辛未条）。このことから、福信は仲麻呂の右腕として厚い信頼を得ており、新羅郡が置かれた背景には、福信から仲麻呂への働きかけがあったと見られている(18)。中村順昭も、新羅郡の設置について「武蔵国の長官である高麗福信が関与しなかったとは考えにくい。むしろ武蔵守高麗福信が中央で発言力を持っていたことが、このような政策を実現した要因であったと考えられる」と述べている(19)。

こうした高麗福信と新羅郡の関係を参考にするならば、霊亀二年に武蔵守であった大神狛麻呂の意向が高麗郡の設置に影響することは、当然あり得ただろう。もっとも、狛麻呂の場合は、自身が渡来系の出自を持つわけではなく、武蔵国の出身でもないことから、狛麻呂が単独で高麗郡の建郡を進言したとは思われない。ただし、前述のとおり、高句麗人と何らかの関係を持つ狛麻呂が武蔵守の任にあった時期だからこそ、高麗郡の建郡事業が円滑に進んだ側面もあったと考えられる。

3 大神氏と大神引田氏

†三輪引田難波麻呂の高句麗派遣

このことは、狛麻呂を輩出した大神氏の本宗と、その同族の対外交渉への関わり方からもうかがうことができる。大神氏の複姓氏族に大神引田氏がいることは第二章で取り上げたが、この氏族からは高句麗へ派遣された人物が出ている。『日本書紀』天武十三年（六八四）五月戊寅条には、

三輪引田君難波麻呂を大使とし、桑原連人足を小使として、高麗に遣す。

とあり、三輪引田難波麻呂が大使として高句麗に派遣され、約一年にわたって現地に滞在した後、翌天武十四年（六八五）に帰国したという（『同』天武十四年九月癸亥条）。

この時点ですでに高句麗は滅亡していることから、これらの記事に見える「高麗」とは、新羅が高句麗王朝最後の宝蔵《ほうぞう》王の嗣子（庶子あるいは外孫、一説には泉蓋蘇文《せんがいそぶん》の甥）に当たる安《あん》

勝《しょう》を高句麗王として冊封し、のちに報徳王《ほうとく》に任命して、旧百済領内の金馬渚《きんばしょ》（全羅北道益山市金馬面）に設置した、いわゆる「小高句麗」（報徳国とも）と呼ばれる国家のことを指している（『三国史記』新羅本紀文武王十年〈六七〇〉七月条、・同十四年〈六七四〉九月条）。

難波麻呂が派遣された天武十三年以前には、約十年にわたりほぼ毎年のように日本から高句麗へ使節が派遣され、高句麗からも使者が来日していた（『日本書紀』天武十年〈六八一〉七月辛未条・天武十一年〈六八二〉六月壬戌条）。しかも、『同』天武十四年九月庚午条（前掲）で見たように、難波麻呂が帰国した九月癸亥（二十日）からわずか七日後の庚午（二十七日）には、日本へ到来した高句麗人に対して禄が与えられている。このことから、難波麻呂は高句麗の遺民を日本に引率してきたと考えられる。

なお、この点に対しては、派遣の目的が遺民の引率であったならば、一年以上も滞在する必要はなく、高句麗の滅亡直後のような事態がこの時に発生した様子もないとして、難波麻呂たちは具体的な使命をもって派遣されたわけではないとする見方もある[20]。

しかし、新羅によって再興された「小高句麗」にとって、この頃はやはり一つの画期であった。天武九年（六八〇）には、新羅の文武王の妹が安勝のもとに降嫁し（『三国史記』新羅本紀文武王二十年三月条）、天武十二年（六八三）には、安勝に新羅の第三等である蘇判の官位と、新羅王と同じ金姓が与えられ、居所も金馬渚から金城（慶尚北道慶州市）に移された

（『同』新羅本紀神文王三年十月条）。天武十三年（六八四、新羅神文王四年）には、安勝の一族である大文が金馬渚で蜂起して鎮圧される事件が発生し、この地の住民は南方に移住させられることになった（『同』新羅本紀神文王四年十一月条）。

つまり、天武十三・十四年は、再興された「小高句麗」の存在意義が失われ、解体に向かっていた時期に当っていた。難波麻呂はこうした情勢の中で派遣されたのであり、高句麗の遺民を引率することは、当初から派遣の目的に含まれていた可能性が高い。滞在期間が一年にも及んだのは、渡航後に起こった大文の反乱の影響により、帰国の日程が遅れたためか、予定よりも多くの遺民が発生したためと推測される

難波麻呂が出た後、大神引田氏の活躍はしばらく知られないが、『続日本紀』神護景雲二年（七六八）二月壬午条には、大神引田公足人・大神私部公猪養・大神波多公石持ら計二十人に大神朝臣が賜与されたとある。この記事には「大神引田公」とあることから、難波麻呂の一族は天武十三年から神護景雲二年までの間に、「三輪引田君」から「大神引田公」へ改姓したことが分かる。ここで上げられている三氏は、他の複姓氏族に比べて大神朝臣への改姓が早いことから、大神氏の本宗と近い関係にあったと見られる(21)。

一方、本宗の狛麻呂は生没年ともに未詳であるが、慶雲元年以前には官途に就いている ことから、難波麻呂が高句麗に渡った天武十三年には、すでに生まれていたはずである。

おそらく狛麻呂は幼少期に、難波麻呂の活躍を身近で聞いていただろう。

†奈良県桜井市の狛

大神氏の本宗は大和国城上郡大神郷に本拠を構えていたのに対し、大神引田氏の本拠は同郡辟田郷と推定されている。両者はともに三輪山麓の初瀬川北岸に位置し、近接している。辟田郷に所在した曳田神社は、現在の乗田《ひきた》神社（奈良県桜井市白河）に比定されているが、この神社は本来、谷を一つ隔てた西の丘の上に鎮座しており、地元の伝承によればそこは古宮跡と称され、三輪引田君難波麻呂の屋敷があった場所だという。(22)これがどこまで史実かは不明であるが、曳田神社が現在よりも西寄りの地点に鎮座していたならば、大神郷と辟田郷はより近くに所在したことになる。

そして、乗田神社から初瀬川を挟んだ対岸には、大字に狛という地名が残っている。この地はもと東岩坂村と呼ばれており、永正四年（一五〇七）に山城国の豪族の狛山城守がこの地に入部したことにともない、狛村に改名したとも言われている。よって、狛という地名そのものが古代にまで遡る確証はない。

しかし、山城国の狛氏は、相楽郡大狛郷・下狛郷に本拠を構えていた。また、『日本三代実録』元慶元年十二月二十五日辛卯条には、山城国相楽郡の人、外従五位下行侍医狛人野《こまひとの》宮成、本居を改め、貫して右京五条に隷《つ》く。

とあり、『新撰姓氏録』山城国神別地祇　狛人野条にも、

狛人野　同命（大物主命――筆者注）の児、櫛日《くしひ》方《かた》命の後《すえ》なり。

とある。これらの記事に見える狛人野氏も、山城国大狛郷・下狛郷付近に居住したとされる。[23] 注目すべきは、この氏族がオオモノヌシの子であるクシヒカタの後裔を称している点である。狛人野氏がその系譜を高句麗の人物ではなく、大神氏の祖先に結びつけていることは、大和国の大神氏と山城国の狛人野氏との間に何らかの交流が蓄積されていたことをうかがわせる。

秉田神社（桜井市観光協会提供）

このように、山城国に居住した高句麗にゆかりのある氏族の後裔が、中世になって現在の桜井市狛一帯へ移住してきたことからすれば、桜井市の狛には同じ高句麗系の人々が古くから居住していたのではないだろうか。かつて三輪引田難波麻呂によって日本へ引率されてきた高句麗の遺民が、大神氏の本宗や大神引田氏の本拠の近くに居住地を与えられ、両氏との結びつきを維持しながら定着していったことは十分に想定される。そうした人々の中に、側に仕えるなどして何らかの形で狛麻呂との間に関係を持った者がいたと考えられるのである。

†対外交渉に従事した大神氏

このほかに狛麻呂を輩出した大神氏と対外交渉の関係を示すものとして、以下の三点を指摘したい。

第一に、大神氏とその同族の中に、対外交渉に関与した人物が散見することである。いずれも第一章で掲げた史料であるが、『日本書紀』垂仁三年三月条には、オオトモヌシが新羅から来訪したアメノヒボコを尋問するために派遣されたとある。オオトモヌシは大神氏の始祖とされる伝承上の存在であり、そうした人物に対外交渉に関わる事績が仮託されていることは、大神氏が本来の職掌である三輪山での祭祀と並んで、対外交渉の分野にも早い段階から従事していたことを物語っている。また、『日本書紀』大化元年七月丙子条には、百済と任那の境界を設定するため、三輪栗隈君東人が二度にわたり朝鮮半島へ派遣されたとあり、『日本書紀』大化五年五月癸卯条には、三輪君色夫が新羅へ派遣されたとある。

さらに、『日本書紀』天智二年（六六三）三月条には、

> 前将軍上毛野君稚子・間人《はしひと》連大蓋《おおふた》、中将軍巨《こ》勢神前《せのかむさき》臣訳語《おさ》・三輪君根麻呂、後将軍阿倍引田臣比邏夫《ひらふ》・大宅臣鎌柄《かまつか》を遣して、二万七千人を率て、新羅を打たしむ。

とあり、白村江の戦いの際、三輪根麻呂が中将軍に任命され、前将軍・後将軍らとともに計二万七千人の兵を率いて出征したとある。

ちなみに、『粟鹿大神元記』には神部直根閇《ねまろ》という人物が白村江の戦いに「新羅将軍」として参加したと記されている。従来の研究では、『日本書紀』の三輪根麻呂と『粟鹿大神元記』の神部直根閇について、「ねまろ」という名前が共通することや、活躍した時期が近いこと、どちらも将軍として白村江の戦いに参加したと伝えられていることなどから、両者を同一人物とする説が出されていた。(24)

しかし、この解釈には無理がある。まず、そもそも人物の氏姓（ウジナ・カバネ）が、『日本書紀』は「三輪君」であるのに対し、『粟鹿大神元記』は「神部直」であり、両者は別個の氏族である。また、『粟鹿大神元記』で根閈を「新羅将軍」とするのは、後から書き加えられた部分にのみ見られる。さらに、『日本書紀』天智二年三月条で前・中・後将軍に任命されたのは、いずれも臣・連・君の姓を持つ中央氏族（畿内周辺を含む）であり、その中に一人だけ直姓の地方氏族である神部直氏が含まれるのは不自然である。これらのことから溝口睦子は、三輪君根麻呂と神部直根閈とは別人であるとし、『粟鹿大明神元記』が根閈を「新羅将軍」と記したのは、『日本書紀』の三輪根麻呂と自氏の祖先とを（意図的に）混同したためであると論じている。[25]

この指摘は的確であり、筆者も賛同したい。補足するならば、『粟鹿大神元記』では根閈は天智九年（六七〇）に三十歳と記していることから、白村江の戦いがあった天智二年には二十三歳という計算になる。この年齢は、対外的な軍事行動で数千人規模の兵を指揮する将軍として、若すぎる印象が否めない。時代も目的も異なるため一概に比較することはできないが、たとえば大伴弟麻呂が征東副将軍に任命されたのは、五十三歳の時である（『続日本紀』延暦二年〈七八三〉十一月乙酉条）このことからも、三輪根麻呂と神部直根閈を同一人物と見なすのは困難だろう。

第二に、高句麗に出自を持つ氏族の中に、大神氏と関係がうかがえるものがある。『新撰姓氏録』未定雑姓和泉国　神人条には、

神人　高麗国の人、許利都《こりつ》の後なり。

とある。神人とは各地から中央の大神氏のもとに出仕した人々や、その輩出母体として設置・編成された集団であり、地方伴造である神直氏・神部直氏のもとに統率されたのが神人氏である（第二章）。その神人氏が高句麗人の後裔を称していることは、中央の大神氏が高句麗系の渡来系氏族と関係を構築し、自らの配下の集団として編成したことを示唆するものである。

第三に、大神氏が奉祭するオオモノヌシの性質である。第二章で詳しく述べたので、ここでは簡単に振り返っておくが、『日本書紀』神功皇后摂政前紀（仲哀九年九月己卯条）には、神功皇后が新羅に出兵しようとした際、軍卒が集まらなかったため、「大三輪社」を建立して刀・矛を奉納したところ、多くの兵士が集まったとある。『筑前国風土記』逸文（『釈日本紀』所引）にも「大三輪の神」が登場し、この神のために社を建てて祭ったところ、新羅を平定することができたと伝えている。このように出兵中に神を祭る際には、その神を

奉祭する氏族が必ず関与していた（『日本書紀』神功皇后摂政前紀〈仲哀九年十二月辛亥条〉など）。大神氏の場合も、ある時期の対外交渉に大神氏（あるいはその同族）の人物が実際に従軍していたと考えられる。

また、『続日本紀』天平九年（七三七）四月乙巳条には、大神神社をはじめとする諸社に新羅の無礼を報告したとある。この時に列挙された諸社は、神功皇后の新羅出兵に関する伝承を持つ神社か、神功皇后・応神天皇などを祭った神社であり、対外交渉に効験が期待できるとして奉幣が行われた。その中に大神氏が奉祭した大神神社も含まれていたことは、八世紀になってもオオモノヌシが持つ軍神（征討神）としての性質が信仰の対象となっていたことを物語っている。

とするならば、このように対外交渉に従事した伝統を有する大神氏より出た狛麻呂だからこそ、高句麗遺民の移配・集住に関わる政策に積極的に取り組み、その結果として高麗郡の建郡が円滑に進んだのではなかろうか。霊亀二年当時、武蔵守の任にあった大神狛麻呂が高麗郡の設置において果たした役割は、決して小さくなかったと考えられるのである。

4　大三輪真鳥の伝承

大矢田宿禰と大三輪真鳥

最後に、対外交渉に関与した大神氏の伝承が、後世へどのように語り継がれたのかという点について補足しておきたい。江戸時代の儒学者である林羅山（一五八三〜一六五七）の詩文を集めた『羅山林先生文集』[26]巻四十七「日本武将賛」には、

> 大矢田宿禰は、神功、新羅を撃つ時の将なり。且つ新羅に留り守る。

とある。大矢田宿禰という人物が神功皇后の新羅出兵に従軍し、戦後も新羅に留まったという記事である。この大矢田宿禰は、『新撰姓氏録』右京皇別　真野臣条に、

> 真野臣　天足彦国押人命《あめたらしひこくにおしひと》の三世孫、彦国葺命《ひこくにぶく》の後なり。男、大口《おおく》納《たみ》命の男、難波宿禰の男、大矢田宿禰、気長足姫皇尊《おきながたらしひめのすめらみこと》〈諱《おくりな》は神功。〉に従ひて新羅を征伐《うち》て、凱旋の日、便ち留めて鎮守将軍と為たまふ。時に彼の国王猶榻《ゆうとう》の女を娶りて、二男を生めり。二男、兄は佐久《さく》命、次は武義《むげ》命。佐久命の九世孫、和珥部《わにべ》臣鳥、務大肆《むだいし》忍勝等、近江国志賀郡真野村に居住《いへを》れり。庚寅の年に真野臣の姓を負ふ。

とある。アメタラシヒコクニオシヒトやその三世孫に当たるヒコクニブク、さらにその孫の難波宿禰などは、いずれも和邇《わに》氏の祖先とされる人物であり（『日本書紀』神功摂政元年三月庚子条など）、その子である大矢田宿禰も和邇氏の人物として登場する。この大矢田宿禰は、神功皇后にしたがって新羅を征伐し、鎮守将軍に任命されてその地に留まり、新羅王猶榻の女と婚姻して二人の子を儲けたという。

ただし、歴代の名将に関する逸話を収録した『日本百将伝一夕話』(27)巻一では、

前文に大矢田を留めて新羅を守らすといふ。一説に、新羅に留まり、後欺かれて死たりしは大三輪真鳥なり。

とあり、大矢田宿禰と言われているのは、実は大三輪真鳥という人物であるという異説が示されている。『神功皇后三韓退治図会』(28)にも、次のように見えている。

是よりして新羅国中免し遣はし給ひ、大三輪真鳥といへる者を新羅一国の宰として残しおかせられて、是より又新羅の西に当れる百済国へと征伐に赴かせ給ひけり。

（略）

爾る程に神功皇后には新羅国王巴三錦を首尾よく撃せ給ひ、其死骸は新羅国なる西岳といへる処に葬りて、偖、新羅国の宰として大三輪真鳥といへる者に三百余騎をさしそへ止め給ひ、又もや四十二万余の御軍勢と引率作給ふて、新羅の西に隣れる百済国へと赴かせ給ひぬ

（略）

新羅国なる如猛虎の守人翠燕《すいえん》女には、国王巴三錦の死を深く悲み、いかにもして其遺骸を得て厚く葬らばやと思ふといへども、何方の地へ隠せしにや、其遺骸の在所さだかならねば、翠燕きつと思ひを定め、こは倭国人大三輪真鳥、是国に宰となりて止り居るを幸ひに、言を工みに欺きおほせ、国王巴三錦の遺骸の隠し在所を知らんとて、一夜慶営といへる処の大三輪真鳥の在所近く出来り、短笛を以て秘曲を尽し吹けるが、元来翠燕はこよなき笛には堪能なる者ゆゑ、其声怨が如く訴るがごとく、連々続々として之が為に草木も眠れるばかりなれば、大三輪真鳥、寝所に在て深く其音をい感じ、坐に故郷のことを思ひやり何者がかかる秘曲をなすやらんと、其主までも慕はしくて、自ら忍んで門を出、彼笛の音をしらべんとして、佶とこなたを見わたしたるが、折しも月夜のことなれば、四辺はいとも明らかにて、彼吹笛の其主は、是此国の官女の体

なるゆゑ、大三輪真鳥一人感じ、あたり近くぞ打よりけるが、此者絶世の美人にして、面に淡粧をなし、首に一珠一翠一金一玉を飾り、其様疎々散々として、若妲己の再来にあらずんば即ち褒似の分身なるべしと怪しむばかり思はれて、大三輪真鳥も俄に心恍惚として、更に言葉もなく在けるが、美女静に笛を納めて、頻迦の如き声音をして、君は此新羅宰人にてはやといふに、真鳥といふにも吾こそは日本国の者にて其名は大三輪真鳥といえる此国の宰なりと答つつ、此方よりも彼美女の名を問ふに、妾は翠燕といえる新羅国の太子如猛虎の守人なりと告聞し、其身の薄命なることをも語りたり。心ありげに見えたるにぞ。真鳥頻りに心迷い、恋々の思ひをいひ出たるが、翠燕此時妾に国王巴三錦の遺骸のかくしある地を告知し給へば、君の御意に従がふべしとあるにより、さらば国王の死骸のうずみし地を告まうさん。是より正に西北に当れる、西岳といへる所なりと。其所をば告知せば、翠燕大いに歓びつ。真鳥を拝していひ出るには、明朝、妾下僕を従へて門前へ出来れば、君、妾と共に西岳にいたり、其所をば告知しめ給へ。其後、妾が身は君の御意のままにせんと、艶を含みていへるにぞ。真鳥は翠燕に計略ありとは一点しらず、其旨直地に心得て翠燕女と別れたり。翠燕は其翌日になるをば待、武士七八人に計略を示して下僕の如く粉作し其身に従へ、慶営なる大三輪真鳥が門前まで出来るに、真鳥は早くも門外へ出て待居たれば、是より真鳥と共々に西岳へと翠燕はいたり。巴三錦の遺骸の埋みある所を真鳥に打きき、軈て従へし者をして土を発いて、巴三錦の櫬を出すやいなや、翠燕、懐中より剣を出し、何心なき大三輪真鳥を直地に刺さんと飛かかれば、真鳥は大いに駭きて、偖は一婦の計略に陥りたりとこなたへむけ、身をかはして用意をせしが、彼の翠燕に従ひし者共、八方よりしておつとりまき、遂に真鳥を害したり。

（略）

神功皇后には、百済・高麗の二国を従え給ふて、新羅国へと帰らせ給ひ、翠燕女のことを聞給ふて、異国の婦人たりといへども、其ふるまひや賞すべしと、反つて是を賞し給ひ、大三輪真鳥の不覚のことは、是日本に恥辱なりと、大いに御後悔をぞなさせ給へり。（略）

ここでは、神功皇后の朝鮮半島への出兵の後、大三輪真鳥が新羅国の宰相に任じられて現地に留まったが、翠燕という美女の計略にはまって殺害されたことが、詳しく語られている。

†大三輪真鳥とオオトモヌシ

しかし、この大三輪真鳥なる人物は、『古事記』『日本書紀』などの古代の文献には確認できず、『粟鹿大明神元記』『大神朝臣本系牒略』『三輪高宮家系図』など、後世に作成された大神氏の系譜史料にも全く見えない。よって、なぜ和邇氏の系譜に連なる大矢田宿禰を、大三輪真鳥という人物とする異説が登場してきたのかも不明である。

この点について金時徳は、雄略朝から武烈朝にかけて活躍したとされる平群真鳥を「虚構化」した人物が大三輪真鳥であると推測している(29)。たしかに「真鳥」という名前の共通性からして、平群真鳥が大三輪真鳥のモデルとされた可能性はあるが、その場合はなぜウジナを「大三輪」としたのかが判然としない。むしろ、神功皇后の時代にかけられていることからすれば、第一章で取り上げたオオトモヌシが大三輪真鳥のもう一人のモデルであったと考えたい。

オオトモヌシは、新羅から到来した天日槍を尋問するために派遣されたが(『日本書紀』垂仁三年三月条)、これは外国からの使節を迎えるという点において、対外交渉の一環ととらえることができる。また、仲哀天皇が崩じた際には、神功皇后と武内宿禰の命を受けて、中臣連烏賊津・物部連胆咋・大伴連武以らとともに宮中を警護したと伝えられる(『同』仲哀九年二月丁未条）。

このように対外交渉に関与し、神功皇后の時代においても王権内で重要な地位にあったオオトモヌシのイメージが、近世になって神功皇后の海外出兵で活躍した大矢田宿禰のイメージと混同され、それを大三輪真鳥とする異説が生じたのではないだろうか。大三輪真鳥の物語はあくまでも創作であり、史実と見なすことはできないが、そこからは古代氏族の伝承が後世の人々によって再構築されていった過程をうかがうことができよう。

注

（1）高橋一夫「奈良・平安時代」（入間市史編さん室編『入間市史』一九九四年）。
（2）原島礼二「渡来人の活躍」（埼玉県編『新編埼玉県史』通史編一、一九八七年）、森田悌『武蔵の古代史』（さきたま出版会、二〇一三年）。
（3）今井啓一「帰化人の来往」（杉原荘介・竹内理三編『古代の日本』七、角川書店、一九七〇年）、大津透「近江と古代国家」（『律令国家支配構造の研究』岩波書店、一九九三年、初出一九八七年）。
（4）高橋一夫「古代寺院成立の背景と性格」（『埼玉県古代寺院跡調査報告書』埼玉県県民部県史編さん室、一九八二年）。
（5）原島礼二「渡来人の活躍」（前掲）。
（6）近江昌司「背奈福信と相撲」（直木孝次郎先生古稀記念会編『古代史論集』中、塙書房、一九八八年)。
(7)森公章「古代日本における在日外国人観小考」(『古代日本の対外認識と通交』吉川弘文館、一九九八年、初出一九九五年)。
(8)加藤かな子「北武蔵の古代氏族と高麗郡設置」(『駒沢史学』三七、一九八七年)。
(9)宮瀧交二「高麗郡の設置と渡来人」(『名栗の歴史』上、飯能市教育委員会、二〇〇八年)、同「古代武蔵国高麗郡をめぐる研究の現状について」(野田嶺志編『地域のなかの古代史』岩田書院、二〇〇八年)、荒井秀規「渡来人(帰化人)の東国移配と高麗郡・新羅郡」(『古代東ユーラシア研究センター年報』一、二〇一五年)。
(10)新井孝重「古代高麗氏の存在形態」(『日本歴史』七四九、二〇一〇年)。
(11)森田悌『武蔵の古代史』(前掲)。
(12)『大日本古文書』一六―七二九。
(13)『大日本古文書』二三―六一六。
(14)『平安遺文』三〇二。
(15)『大日本古文書』二五―六五。
(16)佐伯有清『新撰姓氏録の研究』考証編五(吉川弘文館、一九八三年)。
(17)『大日本古文書』四―一七七。
(18)原島礼二「渡来人の活躍」(前掲)。
(19)中村順昭「八世紀の武蔵国司と在地社会」(『律令官人制と地域社会』吉川弘文館、二〇〇八年、初出二〇〇六年)。
(20)鈴木靖民「百済救援の役後の百済および高句麗の使について」(『日本歴史』二四一、一九六八年）。

(21) 阿部武彦「大神氏と三輪神」（『日本古代の氏族と祭祀』吉川弘文館、一九八四年、初出一九七五年）。

(22) 松本俊吉「曳田神社」（『式内社調査報告』三、皇學館大学出版部、一九八二年）。

(23) 佐伯有清『新撰姓氏録の研究』考証編三（吉川弘文館、一九八二年）。

(24) 是澤恭三「但馬国朝来郡粟鹿大明神元記に就いて」（『書陵部紀要』九、一九五八年）、田中卓「一古代氏族の系譜」（『田中卓著作集2　日本国家の成立と諸氏族』国書刊行会、一九八六年、初出一九五六年）。

(25) 溝口睦子『日本古代氏族系譜の成立』（学習院学術研究叢書、一九八二年）。

(26) 林羅山著・林鵞峰編。寛文二年（一六六二）成立。

(27) 松亭金水編。安政四年（一八五七）成立。

(28) 瀬川恒成編。天保十三年（一八四二）成立。

(29) 金時徳「「武」を語る「文」」（河野貴美子・Wiebke DENECKE・新川登亀男・陣野英則・谷口眞子・宗像和重編『日本「文」学史』二、勉誠出版、二〇一七年）。

第五章

大神氏の祖先オオタタネコとは何者か

1　三輪山祭祀と須恵器

†オオタタネコと陶邑

前章までは、大神氏がどのような氏族であったのかという点に焦点を当て、歴史的事実に即してその足跡の復元を行ってきた。本章からは少し視点を変え、大神氏の祖先伝承を分析することで、ヤマト王権のもと三輪山で行われた国家祭祀の実態に迫っていきたい。

第一章でも述べたとおり、『古事記』崇神段・『日本書紀』崇神五年条〜八年十二月乙卯条のオオタタネコ伝承では、三輪山に鎮座するオオモノヌシの祟りをその子孫であるオオタタネコが鎮めたことに、主眼が置かれていた。と同時に、そのオオタタネコの後裔を称する大神氏が、三輪山での祭祀をもって王権に奉仕することの正統性（「奉事根原」）の証明にもなっていた。これらの点は、研究者の間でも共通理解になっていると言ってよいだろう。

それに対して解釈が分かれるのは、オオタタネコが大神氏の本拠地である三輪山麓ではなく、『古事記』では河内の美努村、『日本書紀』では茅渟県の陶邑で発見されたことになっている点である。河内の美努村と茅渟県の陶邑は、表現を異にするもののほぼ同じ地域を指しており、古代の和泉国大鳥郡南東部から同国和泉郡北東部、現在の堺市・和泉市・岸和田市・大阪狭山市にまたがる泉北丘陵一帯に比定される。

この地域には、国内における須恵器生産の中心的役割を担った陶邑《すえむら》窯跡群が広がっており、三輪山から出土する祭祀遺物の中には、この陶邑で焼成された須恵器が多く含まれることが報告されている。そのため従来は、陶邑で行われた須恵器生産に大神氏がどのように関与したのか、なぜオオタタネコが陶邑で発見されたことになっているのかが重要な論点となってきた。以下では、この二点について詳しく見ていこう。

†須恵器生産とミワ系氏族

まず、前者の問題を取り上げる。この問題に最初に言及したのは、佐々木幹雄である。(1)

陶邑出土須恵器（文化庁提供）

佐々木は、三輪山の山中・山麓に点在する祭祀遺跡群から出土した須恵器（大神神社所蔵）に着目し、その数量と年代が陶邑窯跡群の消長と一致すること、陶邑以外の地方窯が未成立・未発達の時期の須恵器が含まれていること、陶邑出土の須恵器と器形が類似することなどから、三輪山出土の須恵器の大半は陶邑で焼成されたものであり、それらは煮炊きなどの日常生活ではなく、あくまでも祭祀に使用されたと論じた。

そして、朝鮮半島から陶邑に渡来して須恵器生産を開始した集団が、三輪山の神を祭っていた三輪山麓の集団に祭祀用の須恵器を提供したことをきっかけとして、地方伴造として神直《みわのあたい》氏を称するようになり、さらにその一部が三輪山麓に移住して大神氏となり、それ以前に三輪山麓を治めていた集団から三輪山の神の祭祀権を継承したと推定した。

しかし、この研究は王朝交替説を前提としている。王朝交替説とは、古代における天皇家が「万世一系」ではなく、複数の系統が何回かにわたって交替したとする学説であり(2)、現在ではこうした理解は成立したがいとの見方が主流である（第六章）。また、中央伴造としての大神氏に対応して、各地の集団が地方伴造として編成されたものが神直氏である（第二章）。したがって、地方伴造の神直氏が先に成立し、その勢力の一部が三輪山麓に移住して、後から中央伴造としての大神氏となるという経緯は想定しがたい。この点からも、佐々木説にはしたがえない。

次に注目すべきは、坂本和俊・菱田哲郎・溝口優樹の研究である。坂本は、郡・郷名や神社の分布から各地の須恵器窯の周辺にミワ系氏族の存在が確認できるとし、ミワ系氏族が地方の須恵器生産において重要な役割を果たしていた可能性を指摘した(3)。

菱田は、牛頸《うしくび》窯跡群（福岡県大野城市）・湖西《こさい》窯跡群（静岡県湖西市）・美濃須衛《みのすえ》窯跡群（岐阜県各務原市）とミワ系氏族との関連が推定されるとして、その職掌の一つに須恵器生産があったと論じた。そして、六世紀後半から七世紀前半にかけて、須恵器生産がミワ系氏族を軸とする体制に再編されたことによって、各地の須恵器窯で安定的・継続的な生産が行われるようになったのであり、各地のミワ系氏族が三輪山の神を祭るのは本来の職掌ではなく、中央の大神氏との関係によって後から加わった職掌であるとした(4)。

溝口は、古くは人制のもとで編成された神人が各地から集まり、陶邑で須恵器生産に従事していたが、のちに部民制が導入されると、神人の経済的基盤として各地に神人部・神部が設置されたとした。また、六世紀には王権機構の整備にともない、それまで天皇個人に収斂していたさまざまな生産関係が有力階層に委譲され、須恵器生産も当初は天皇の直接的管理下にあったものが、のちに各地のミワ系氏族を中央で統轄する大神氏に移ったとした。[5]

このように近年では、ミワ系氏族が各地の須恵器生産の中心的な役割を担っていたとする説が多く見られる。たしかに、大和王権の地方支配制度の展開にともなって、ミワ系氏族が各地に分布するようになったとする点は首肯すべきである。第二章で述べたように、筆者も人制と神人、部民制と神人部・神部、および国造制と神直氏・神部直氏が、それぞれ関係すると理解している。

しかしながら、須恵器工人については、神部ではなく陶部として組織化されていたと見る説、[6]陶人から陶部への移行を想定する説、[7]陶部としては組織されず、須恵器生産は部民制の「外周」に置かれたとする説などもあり、[8]定見は得られていない。加えて、ミワ系氏族と須恵器生産とを直結させ、その関係性を全国に敷衍する点については、高橋照彦や鷺森浩幸が詳細な批判を行っており、[9]筆者もにわかには賛同できない。疑問点を改めて整理してみよう。

第二章の【表1】【表2】【表3】に示したように、大神氏に関連する地名・神社・氏族は、北は陸奥・出羽両国、南は薩摩国まで、ほぼ全国にまんべんなく分布している。よって、須恵器窯とミワ系氏族の分布地域が重なることは、両者の間に相関関係がなくても十分にあり得る。しかも、地方の須恵器窯が再編された時期には、畿内周辺や瀬戸内地方などを中心として、一～二郡に一ヵ所程度の割合で須恵器窯が分布する「一郡一窯体制」が見られることが指摘されている。(10) そのような地域においては、須恵器窯とミワ系氏族の分布が重なる確率は一層高まるはずである。近接した地域に須恵器窯とミワ系氏族が確認できるだけでは、ミワ系氏族が須恵器生産に関与したとする十分な根拠にはならない。

また、金属生産には韓鍛冶《からかぬち》部《べ》・金作部《かなつくりべ》・忍海部《おしぬみべ》、製鉄には山部・丸部《わにべ》など、一つの手工業生産に対する複数の部が関与したように、須恵器生産に関わった部民もミワ系氏族だけとは限定できず、複数存在した可能性がある。(11)

たとえば、牛頸窯跡群出土の瓺には「内椋人《くらひと》」「押坂□」(12)、大宰府政庁跡（福岡県太宰府市）出土の須恵器には「宇治《うじ》部君《べのきみ》」(13)、那谷金比羅山《なたにこんぴらやま》窯跡（石川県小松市）出土の平瓶には「阿波田」(14)、桜生《さくらばさま》古墳（滋賀県野洲市）出土の短頸壺には「酒人首《さかひとのおびと》」(15)、高蔵寺《こうぞうじ》二号窯跡（愛知県春日井市）出土の須恵器には「凡人部《おおしひとべ》」[16]、石神遺跡（奈良県高市郡明日香村）出土の須恵器には「秦人部《はたひとべ》」[17]、小杉流通団地№一六遺跡（富山県射水市）出土の須恵器には「秦人」[18]などのヘラ書き文字が、それぞれ確認されている。

　これらはいずれも須恵器を生産した工人か、その生産を統轄した氏族を示すと見られる。そもそも、須恵器の生産者がミワ系氏族として編成されたのであれば、全国における須恵器生産の中心的位置を占める陶邑には、ミワ系氏族が集中的に分布するはずであるが、後述のとおり、実際にはそれ以外のさまざまな氏族も分布しており、むしろミワ系氏族の居住は限定的である。

　さらに、従来の研究では、六世紀後半から七世紀前半にかけて、ミワ系氏族を中心とする須恵器生産体制への再編や、大神氏に対する須恵器生産の管理権の委譲などが想定されているが、この時期の大神氏は勢力を著しく衰退させている（第一章）。すなわち、敏達天皇の「寵臣」と称された逆は、同天皇の殯宮に侵入しようとした穴穂部皇子を制止したことにより、二人の子とともに殺害されてしまった（『日本書紀』用明元年〈五八六〉五月条）。そしてこれ以降、大神氏は約半世紀にわたって史料に全く登場しない。ようやく舒明八年（六三六）になって見える小鷦鷯も、采女と姦通した嫌疑をかけられて自害しており（『同』舒明八年三月条）、次に見える文室も山背大兄王とともに攻め滅ぼされた（『同』皇極二年〈六四三〉十一月丙子条）。

このように、大神氏は六世紀後半に逆が失脚したことで急速に衰退させており、半世紀を経ても勢力を巻き返すには至っていない。したがって、この時期に全国の須恵器生産体制が再編されたとしても、こうした低迷期にある大神氏に須恵器生産の管理権が委譲されるとは考えがたい。この点については、実際に須恵器生産を担ったのは各地のミワ系氏族であり、大神氏は須恵器生産の管理権を与えられたに過ぎないとの見方もあるが(19)、中央伴造による管理体制が十分に機能しなければ、各地の須恵器窯が安定的な操業を行うことは難しいだろう。

以上のことから、地域によってはミワ系氏族が須恵器生産を主導した場合もあったかもしれないが、六世紀後半から七世紀前半にかけてミワ系氏族を軸とする須恵器生産体制が全国的に整備され、中央で大神氏がその体制を統轄するという状況は想定しがたいと言える。むしろ、各地のミワ系氏族は、中央の大神氏が東国・西国に進出するにともなって、あるいは対外交渉に従事したことにともなって、全国的に広く分布するに至ったのであり（第二章）、中央伴造である大神氏のもとへ物資や人材（労働力・軍事力）を提供すると同時に、各地で三輪山の神を祭ることが、本来の職掌であったと理解するのが自然である。大神氏やミワ系氏族が須恵器の生産に関与することがあったとしても、それはあくまでも三輪山や各地における祭祀に須恵器を用いるためであったと考えられる。

2　陶邑をめぐる大神氏と紀氏

†陶邑窯跡群と大神氏

次に、冒頭で示した二つの論点のうち、オオタタネコと陶邑の関係を取り上げよう。陶邑窯跡群は、丘陵や谷などの自然地形によって、北から陶器山《とうきやま》（MT）・高蔵寺《たかくらじ》（TK）・栂《とが》（TG）・光明池（KM）・大野池（ON）・谷山池（TN）の六地区に大きく分けられている[20]。これを図示したものが【図3】である。この範囲には、大鳥郡大村郷・上神郷《かみつみわ》・和田郷《にぎた》と和泉郡信太郷《しのだ》・池田郷が含まれる[21]。

このうち、上神郷は現在の大阪府堺市南区上神谷《にわだに》、和田郷は同区美木多《みきた》、信太郷は和泉市信太山、池田郷は同市池田下町がそれぞれ遺称地名と見られる。また、『行基年譜』によれば、和泉国大鳥郡大村里（大村郷）に「大修恵院〈高倉〉」が所在したとあるが、堺市中区には高蔵寺、堺市南区には高倉台という地名が残っており、現在この地に所在する高倉寺はかつて「大修恵山寺」「修恵寺」とも称したという。同じく「大庭院」が上神郷に、

図３　陶邑窯跡群と大神氏・賀茂氏関係神社
大阪府教育委員会文化財保護課編『陶邑・窯・須恵器』(2005年) 掲載図を一部改変。

「檜尾池院」「檜尾池」が和田郷にそれぞれ見えるが、堺市南区には大庭寺や檜尾の地名が遺存している。さらに、延長八年（九三〇）二月九日「鉢峰山長福寺縁起」[22]によれば、この寺は「上神之里」にあったとされており、堺市南区には鉢ケ峯寺の地名も残っている。

以上から、現在の行政区画においては、大村郷は堺市中区の南東部から堺市南区の北東部、上神郷は同区の中央部、和田郷は同区の北西部、信太郷は和泉市の北部、池田郷は和泉市の中央部に比定されている[23]。

この中で大神氏との関係がうかがえるのは、郷名に「ミワ」を含む上神郷である。この地名は『住吉大社神代記』三十にも「三輪里」と見えている。また、『延喜式神名帳』和泉国大鳥郡条の桜井神社（堺市南区片蔵）は、上神谷八幡宮とも呼ばれている。同じく大鳥郡条の国神社は、『大神分身類社抄』[24]に「三輪国神社」とあり、明治四十三年（一九一〇）に桜井神社に合祀されたが、それ以前は堺市南区鉢ケ峯寺に鎮座していた[25]。よって、大神氏は陶邑に含まれる各郷の中でも、とくに上神郷との結びつきが強かったことがうかがえる。

次に、陶邑に分布したと思われる主な氏族を『新撰姓氏録』から抜粋するならば、以下のとおりである。

和泉国皇別　池田首
和泉国神別　狭山連　和太連《にぎたのむらじ》　民直《みたみのあたい》　韓国連　和山守首《にぎやまもりのおびと》　和田首《にぎたのおびと》　大庭造《おおにわのみやつこ》　神直
　　　　　　大村直　荒田直　民直　末使主《すえのおみ》
和泉国諸蕃　池辺直　信太首《しのだのおびと》　取石造《とろしのみやつこ》

このうち、大村氏・荒田氏・末氏は大鳥郡大村郷に、神直氏・大庭氏は上神郷に、和太氏・民氏・和山守氏・和田氏・狭山氏は和田郷に、信太氏・取石氏は和泉郡信太郷に、池田氏・池辺氏・韓国氏は池田郷に、それぞれ居住した[26]。この中で大神氏に関係する氏族としては、ウジナに「ミワ」を含む神直氏が挙げられる。また、従来は大庭氏も大神氏に関係する氏族と見られてきた[27]。

まず、大庭氏について確認しておこう。この氏族は本来「オオミワ」を称していたが、のちに「オオニワ」に転訛したと言われてきた。しかし、大神氏の本宗のウジナは、古くは「ミワ」を称しており、天武朝頃から「オオミワ」を称するようになることから、天武朝以前に大神氏の本宗以外の氏族が「オオミワ」を称することはあり得ない。よって、大庭氏も本来「ミワ」を称しており、大神氏の本宗が「オオミワ」に改姓した後に、この氏族も「オオミワ」を名乗り、さらにその後で「オオニワ」に転訛したという想定をしなければならない。しかし、大庭氏は藤原京跡出土木簡(28)に初見する。この木簡は、同じ地点から「庚子年」(文武四年、七〇〇年)や、「大宝元年」(七〇一年)などと記された木簡が数点出土しており、これらと同時期のものと推定される。ここに「大庭」とのウジナが記されていることは、この氏族が七〇〇年前後に「オオニワ」を称していたことを示すものである。

とするならば、大神氏の本宗が「オオミワ」を名乗るようになって間もない時期に、この氏族も「ミワ」から「オオミワ」に改姓し、そこからすぐに「オオニワ」へ転訛したということになってしまうが、改姓したばかりのウジナが、このような短期間に転訛するとは思えない。したがって、「ミワ」→「オオミワ」→「オオニワ」というウジナの変化があったと見るのは難しい。「大庭」は当初から「オオニワ」を名乗っていたのであり、大庭氏は大神氏とは別個の氏族とすべきだろう。

†和泉国大鳥郡上神郷の神直氏

次に、神直氏は中央伴造である大神氏のもとに編成された地方伴造である。ただし、これまで看過されてきたが、この神直氏は系譜上で大神氏と結びついていない。『新撰姓氏録』和泉国神別　神直条には、

神直　同神（神魂命―筆者注）の五世孫、生玉兄《いくたまえ》日子《ひこ》命の後なり。

とある。これによれば、神直氏はカミムスヒの後裔を称し、紀伊国名草郡（和歌山県和歌山市・海南市一帯）を本拠とする紀氏と、同祖系譜を形成している。このほかにも陶邑では、大村氏・和山守氏・和田氏・大庭氏などが、同じく紀氏と同祖関係にある。

このことから、かつて薗田香融や吉田晶は、この地で行われた須恵器生産と紀氏との関連を指摘した。[29] 鷺森浩幸も、紀氏と陶邑の氏族が関係を持つようになった経緯として、紀氏が実際に和泉国に進出したケースと、須恵器生産に従事した陶部が朝鮮半島から渡来する際に紀氏が関与したケースがあったとする。[30] 中林隆之は、陶邑での須恵器生産ははじめ葛城氏と紀氏が掌握しており、のちにその権利を王権が簒奪したとする。[31] 溝口も、神直氏はもともと紀氏の配下にあったが、大神氏が陶邑の須恵器生産を主導するようになった結果、紀氏と同祖関係を持ちながらも、ウジナに「ミワ」を含む神直氏が出現したと論じている。[32] このように従来は、紀氏と陶邑の氏族との関係を古くまで遡らせる見方が一般的であった。

しかし、陶邑の氏族たちが紀氏との間に形成した同祖関係は、必ずしも均質ではない。まず、大村氏はナグサヒコ（大名草彦命）の子であるキミツミ（君積命）の後裔を称している。つまり、大村氏はナグサヒコを介して紀氏の系譜と結びついている。同じように和田氏・和山守氏は、ともにカミムスヒの五世孫であるアメノミチネ（天道根命）の後裔を称しており、この二氏はアメノミチネを介して紀氏と結びついていることになる。

それに対して、神直氏はカミムスヒの五世孫であるイクタマエヒコを、大庭氏は同じくカミムスヒの八世孫であるアマツマラ（天津麻良命）を、それぞれ祖としている。イクタマエヒコとアマツマラは、神直氏と大庭氏にそれぞれ独自に伝えられた祖であり、この二氏はカミムスヒを介して紀氏の系譜と結びついていることになる。

†陶邑窯跡群と紀氏

このように、陶邑に分布する氏族は、紀氏の系譜とどの段階で結びつくかによって、ナグサヒコ（大村氏）、アメノミチネ（和田氏・和山守氏）、カミムスヒ（神直氏・大庭氏）に分類することができる。筆者は以前、紀氏の同祖関係の形成過程について、ナグサヒコ→アメノミチネ→カミムスヒというように、系譜を遡るにつれて地名を含む具体的な名義から抽象的な名義へと変化すること、紀氏の祖としての初見年代が降ること、さらにこれらの人物（神格）を介して同祖系譜を形成する氏族の数が増加し、その分布地域も拡大することなどから、紀氏の始祖系譜がこの順に遡って形成されていったことを指摘した(33)。

日前神宮

具体的には、ナグサヒコは紀氏が名草郡域に広く影響力を及ぼすようになった六世紀中頃、アメノミチネは紀氏が奉祭する日前《ひのくま》・国懸《くにかかす》神宮（和歌山県和歌山市秋月）の神威が高まり、朝廷から頻繁に奉幣を受けるようになった七世紀後半から八世紀前半、カミムスヒは諸氏族が自氏の系譜を造化《ぞうか》三神《さんしん》に結び付けるようになる八世紀後半から九世紀前半にかけて、それぞれ紀氏の系譜に架上されたと推定される。このことは、『丹生祝氏本系帳』[34]や『高野雑筆集』[35]などからも裏付けることができる。[36]

また、『新撰姓氏録』所載の氏族を見てみると、ナグサヒコを介して紀氏と結びつく氏族は、先に挙げた大村氏（和泉国神別）のほかに直尻家《なおじりのいえ》氏・高野氏（同）があり、いずれも和泉国を本拠とする。これらの氏族は、紀氏の影響力が和泉国に及んだ際、紀氏と直接的な接触・交流を行い、それが契機となって同祖関係が形成されたと見られる。

一方、アメノミチネを介して紀氏と結びつく氏族は、前述の和田氏・和山守氏（和泉国神別）と、大村氏（右京神別下）のほかに、滋野氏・大家氏（同）など計一一氏を数え、和泉国・河内国・大和国・山城国・右京に分布している。同じくカミムスヒの場合は、前述の神直氏・大庭氏（和泉国神別）のほかに、県犬養《あがたいぬかい》氏・大椋置始《おおくらのおきそめ》氏・竹田氏・間人氏・爪工《はたくみ》氏・多米《ため》氏（左京神別中）など計三五氏がおり、和泉国・河内国・大和国・摂津国・山城国・右京・左京に分布している。

これほど数多くの氏族が、しかも広範囲に分布していることからすれば、すべての氏族が紀氏との直接的な交流によって同祖関係を形成したとは考えがたい。アメノミチネやカミムスヒを介する場合は、以前から紀氏と関係を持っていた他氏族との地縁的な関係や、同族の間で始祖を共有するようになったなど、系譜が二次的に結びつけられたことが想定される。

このことを陶邑の氏族に当てはめるならば、まず紀氏と同祖関係を形成したのは大村氏[37]ということになるだろう。陶邑で製作された須恵器は石津川水系を利用して運搬されたが、大村氏の本拠地である大鳥郡大村郷（陶邑窯跡群の陶器山・高蔵寺地区）には、最も古い段階の須恵器窯跡が確認されている。しかも、それらは五世紀から六世紀代にかけて、窯跡数・生産量・生産技術などの面で、陶邑窯跡群内における主導的な位置を占めていたことが指摘されている。(38)

紀氏は紀ノ川河口地域に設けられた紀伊水門《きのみなと》（『日本書紀』神功皇后摂政元年二月条など）と呼ばれる港湾施設を、すでに五世紀代から掌握しており、六世紀中葉には実在した最初の紀伊国造と目される紀忍勝《きのおしかつ》が百済へ派遣されている（『同』敏達十二年〈五八三〉七月丁酉条・十月条）。こうした中で、石津川水系から大阪湾に出て須恵器を運搬するようになった大村直が、陶邑内の他地区の氏族に先駆けて、紀伊水道から大阪湾や瀬戸内海を経て対外交渉に従事した紀氏と、海上交通を通じて接触・交流を行うようになり、やがてそれがナグサヒコを介した同祖関係の形成へ発展したと理解できる。

それに対して、和田氏・和山守氏・神氏・大庭氏の場合は、各氏族が個別に紀氏と関係を持つようになったのではなく、大村郷・上神郷・和田郷という近接した地域の中で、大村氏との地縁的なつながりから、それ以前から紀氏と大村氏との間に形成されていた同祖関係に、はじめに和田氏・和山守氏が、続いて神直氏・大庭氏が、それぞれ系譜を結び付けていった可能性が高い。よって、陶邑の氏族の中でも大村氏は早い段階で紀氏と同祖関係を構築していたが、神直氏と紀氏の同祖関係の構築はそれよりも遅れると思われる。

ここで参考になるのが、三輪山周辺で出土する須恵器の年代である。その多くは陶邑窯跡群で焼成されたものであり、五世紀から六世紀にかけての年代を示すものが大量に含まれるが、七世紀になるとその数が激減する（第七章）。これに対応するかのように、六世紀後半から七世紀前半にかけては、前述したとおり大神氏の勢力も大きく衰退している。

とするならば、大神氏が須恵器を祭祀に用いるために、陶邑の神直と密接な交流を行っていたのは、およそ五世紀後半から六世紀後半にかけてであり、それ以降は関係が希薄化したのだろう。その結果、神直氏はかつての大神氏との関係よりも、近隣の大村氏との地縁を重視するようになり、紀氏との同祖関係の中に組み込まれていったと考えられるのである。

3　オオタタネコ伝承の歴史的背景

†大神氏と須恵器生産

このように見てくると、大神氏と陶邑の関係はかなり限定的にとらえる必要がある。すなわち、大神氏は五世紀後半から六世紀後半にかけて、陶邑の中でもとくに大鳥郡上神郷の神直氏と関係を持っていたのであり、必ずしも陶邑集団の全体と長期的・恒常的に交流していたわけではない。

かつては、オオタタネコを大神氏と陶邑集団のどちらの祖と見るか、あるいは伝承の主体をどちらと見るかで見解が分かれていた。たとえば、陶邑集団から貢納される須恵器を大神氏が三輪山での祭祀に使用したことで、両者の間に関係が生まれ、やがて大神氏が陶邑集団を支配下に置いたことにより、陶邑集団の祖であるオオタタネコが大神氏の系譜の中に組み入れられたとする説や[39]、オオタタネコ伝承は陶邑の須恵器生産者たちが三輪山の神を祭る由来を述べたものであり、伝承を保有したのはあくまでも陶邑の集団であったとする説などが出されていた[40]。

しかし、先に述べたように、大神氏が陶邑全体を支配したことや、大神氏が陶邑および各地の須恵器生産を主導したことは確認できず、そうしたことをオオタタネコ伝承から読み取ることもできない。そもそも、『古事記』崇神段には、

又、伊迦賀色許男命《いかがしこお》に仰《おふ》せて、天《あめ》の八十毘羅訶《やそびらか》〈此の三字は音を以ゐよ。〉を作り

（略）

とある。同様の伝承は『日本書紀』崇神七年十一月己卯条（前掲・第一章）にも見える。平瓮《ひらか》とは、埴土を素材とする平らな土器の一種で、厳瓮《いつへ》・手抉《たくじり》などとともに祭祀に用いられるものであるが（『日本書紀』神武即位前紀戊午年九月戊辰条など）、この記事によれば平瓮の製作・供給を担当したのはイカガシコオとされている。(41) この人物は物部氏の祖であり、「神班物者《かみのものあかつひと》」に任命されていることから（『同』崇神七年八月己酉条）、須恵器を扱っているのは大神氏ではなく、あくまでも物部氏ということになる。(42) この点からも、オオタタネコ伝承から大神氏と須恵器生産の直接的な関係を説くことは難しいと言える。

したがって、オオタタネコを大神氏と陶邑集団のどちらにとっての祖と見るかという二者択一の議論ではなく、大神氏の系譜においてオオタタネコがどのように位置づけられているのかという点こそ、むしろ問われなければならない。そこで、次の二点に注目してみよう。

†同祖系譜の結節点

まず、第一章でも触れたとおり、大神氏の祖とされているのはオオタタネコだけではない。『日本書紀』垂仁三年三月条一云には「三輪君の祖大友主」とある。それに対して、オオタタネコは『日本書紀』崇神八年十二月乙卯条に「三輪君等の始祖」とある。

この記事の「等」には、賀茂氏が含まれる（『古事記』崇神段）。『新撰姓氏録』でも、賀茂氏がオオカモツミ（大賀茂都美命）を通じて自氏の系譜をオオタタネコに結び付けており（大和国神別　賀茂朝臣条）、摂津国の神人氏と大和国の三歳氏もオオタタネコを祖としている（摂津国神別　神人条・未定雑姓大和国　三歳祝）。さらに『粟鹿大神元記』では、オオタタネコの子として、オオカモツミ・オオトモヌシ・オオタヒコ（太多彦命）・オオミケモチ（意富弥希毛知命）の四人を挙げて、オオカモツミは賀茂氏、オオトモヌシは大神氏、オオタヒコは神直氏・的大神氏・倭三川部《やまとのみかわべ》氏・品治《ほむち》部《べ》氏・葦浦《あしうら》氏・神部直氏、オオミケモチは神人部氏の祖とされている。

このうち神直氏については、『日本三代実録』貞観二年（八六〇）十二月廿九日甲戌条にも、

従五位下行《ぎょう》内薬正大神朝臣虎主、卒《しゅっ》しぬ。虎主は右京の人なり。自ら大三輪大田々根子の後《すゑ》なりと言ふ。虎主、本姓は神直、名を成して後、姓を大神朝臣を賜はる。

とあることから、大神虎主はかつて神直の氏姓を名乗り、オオタタネコの後裔を称してい

たことが知られる。

『日本書紀』における「始祖」の用語には、「一つの氏の始祖」と「複数の氏の始祖」の二種類があり、「複数の氏の始祖」を作ることは、氏族同士の系譜を結びつけることにつながることが指摘されている。[43] とすれば、オオトモヌシは大神氏にとっての「単独の祖」であるのに対し、オオタタネコは大神氏だけの祖ではなく、陶邑の集団の祖でもなく、大神氏と他氏族にとっての「共通の祖」ということになる。言い換えるならば、オオタタネコは同祖関係の結節点に位置づけられている。このことは、大神氏と他氏族とが系譜を結びつける際、それぞれが伝えていた「単独の祖」の上に、オオタタネコが新たに創出されて付け加えられたことを示している。

では、こうした関係が形成されたのは、いつの時期だろうか。まず手がかりとなるのは、壬申の乱の際、将軍である大伴吹負のもとに、三輪高市麻呂と鴨蝦夷がそろって馳せ参じていることである（『日本書紀』天武元年〈六七二〉六月己丑条）。軍事行動は氏族同士の関係を確認・構築・再編させる場であり、同祖系譜の形成にも大きく影響する。ここで両氏族が行動をともにしている背景には、これ以前より形成されていた同祖関係の存在が想定される。

また、オオタタネコ伝承については、ほぼ同内容の記事が『古事記』『日本書紀』の両方に見えることから、これは大神氏の「墓記」（『日本書紀』持統五年〈六九一〉八月辛亥条）が撰進された段階で、はじめて形成されたものではなく、六世紀前半に編纂された「旧辞《きゅうじ》」の段階から存在していたと推測されている。(44) よって、大神氏と賀茂氏の緊密な関係は、六世紀前半にまで遡る可能性がある。

さらに、神直氏は六世紀中葉から六世紀末頃に、国造制の展開にともなって各地に設置された氏族であり、そこから中央の大神氏との交流を開始し、やがて同祖関係を形成するに至ったと考えられる。このように、大神氏・賀茂氏・神直氏における同祖関係の形成が、およそ六世紀代にまで遡るとするならば、それは大神氏が陶邑の神直氏と交流を行っていた五世紀後半から六世紀後半の時期と重なってくるのである。

†陶邑窯跡群をめぐる大神氏と鴨氏

注目すべき第二の点は、大化前代の中央氏族が大和以外にも拠点を持っていることである。代表的なものとしては、以下の例がある。

大伴氏　住吉宅（『日本書紀』欽明元年〈五三九〉九月己卯条）
物部氏　餌《え》香長野邑《がのながののむら》（『同』雄略十三年三月条）

阿都《あと》家（『同』用明二年〈五八七〉四月丙午条）
渋河家（『同』崇峻即位前紀）
難波宅（『同』崇峻即位前紀）
茅渟県有真香邑《ちぬのあがたのありまかむら》（『同』崇峻即位前紀）

蘇我氏　石川宅（『同』敏達十三年〈五八四〉九月条）
石川別業（『日本三代実録』元慶元年〈八七七〉十二月二十七日癸巳条）

このうち、住吉宅は摂津国住吉郡、餌香長野邑は河内国志紀郡、阿都家・渋河家は河内国渋川郡跡部郷、難波宅は摂津国東生郡・西生郡、茅渟県有真香邑は和泉国和泉郡、石川宅・石川別業は河内国石川郡に所在しており、いずれも摂津・河内・和泉の交通の要衝を占めている。

また、土師氏も河内国丹比郡土師里（天平勝宝九歳〈七五七〉四月七日「西南角領解」[45]）、河内国丹比郡土師郷・同国志紀郡土師郷・和泉国大鳥郡土師郷（『和名類聚抄』）などの地名があり、これらの地を本貫とする土師氏の人物が多く確認できる[46]。中臣氏の場合も、同祖関係にある氏族が和泉国大鳥郡・河内国丹比郡に集中しており、この地域に拠点を構えて、祭祀に必要な須恵器の生産・管理に関わっていたことが指摘されている[47]。

ここから類推するならば、大神氏も本拠地である三輪山麓の大和国城上郡大神郷のみならず、和泉国大鳥郡上神郷にも第二の拠点を形成しており、そこで三輪山での祭祀に必要な須恵器の調達を行っていたのだろう。従来は、大神氏の本拠地はあくまでも三輪山麓であるとし、陶邑には別の集団を措定して、両者の関係を考察してきたが、三輪山麓と並んで陶邑も大神氏の重要な拠点であったならば、こうした議論は止揚されることになる。

さらに、和泉国大鳥郡には鴨神社が所在する（『延喜式神名帳』）。この神社は、現在は鴨田神社という名前で多治速比売《たじはやひめ》神社（大阪府堺市南区宮山台）に合祀されているが、以前は旧北上神村大平寺《たいへいじ》（堺市南区太平寺・堺市西区太平寺）に鎮座していた。この旧鎮座地は「北上神村」の名前が示すように、古代の大鳥郡上神郷に含まれる。また、祭神について『神祇宝典』(48)は「事代主神なり。大和国葛上郡の鴨社と同体なり」としており、『特選神名牒』(49)も同じである。この「鴨社」とは、大和国葛上郡の鴨都波《かもつば》神社（奈良県御所市宮前町）を指す。

これまでのところ、陶邑には賀茂氏と直接関係する地名や氏族は検出できていない。ただし、大神氏の拠点である上神郷に鴨神社が鎮座していることは、かつてこの地に賀茂氏に連なる何らかの集団（鴨部か）が存在しており、賀茂氏もこの地を拠点として、鴨都波神社の祭祀に用いる須恵器を調達していたことをうかがわせる。つまり、陶邑は大神氏のみならず、賀茂氏にとっても重要な拠点であり、この地で須恵器をめぐって接触・交流を繰り返したことが、両氏族が同祖関係を形成する要因である可能性が高い。

そして、こうした関係は大神氏と賀茂氏に留まらず、ミワ系氏族にも敷衍できるのではないだろうか。時には陶邑のミワ系氏族が須恵器を献納するために三輪山を訪れることや、反対に大神氏が陶邑に直接赴いて須恵器の生産・調達を指揮することもあったと思われる。これらの氏族が交流を重ねて同祖関係を構築するに至った時、系譜の結節点としてオオタタネコという人格が創出・架上されるとともに、彼らにとっての現実的な接触・交流関係の場でもあった陶邑が伝承の舞台として語られることになったと考えられるのである。

注

(1) 佐々木幹雄「三輪と陶邑」(『大神神社史』吉川弘文館、一九七五年)、同「続・三輪と陶邑」(『民衆史研究』一四、一九七六年)、同「三輪山祭祀の歴史的背景」(滝口宏先生古希記念考古学論集編集委員会編『古代探叢』早稲田大学出版部、一九七九年)。

(2) 水野祐『水野祐著作集』一』(早稲田大学出版部、一九九二年、初出一九五四年)。

(3) 坂本和俊「東国における古式須恵器研究の課題」(千曲川水系古代文化研究所編『東国における古式須恵器をめぐる諸問題』一九八七年)。

（4）菱田哲郎「須恵器の生産者」（『列島の古代史』四、岩波書店、二〇〇五年）、同『古代日本国家形成の考古学』（京都大学学術出版会、二〇〇七年）。

（5）溝口優樹「ミワ系氏族と陶邑古窯跡群」（『国学院雑誌』一一〇―七、二〇〇九年）、同「三輪君と須恵器生産の再編」（『日本古代の地域と社会統合』吉川弘文館、二〇一五年、初出二〇一二年）。

（6）石母田正「古代社会と物質文化」（『石母田正著作集』二、岩波書店、一九八八年、初出一九五五年）。

（7）吉村武彦「倭国と古代王権」（『岩波講座日本通史』二、岩波書店、一九九三年）。

（8）浅香年木『日本古代手工業史の研究』（法政大学出版局、一九七一年）。

（9）高橋照彦『須恵器生産における古代から中世への変質過程の研究』（科学研究費補助金基盤研究B研究成果報告書、大阪大学大学院文学研究科、二〇〇七年）、鷺森浩幸「陶邑と陶部」（栄原永遠男編『日本古代の王権と社会』塙書房、二〇一〇年）。

（10）菱田哲郎「須恵器の生産者」（前掲）、同『古代日本国家形成の考古学』（前掲）。

（11）菱田哲郎「須恵器の生産者」（前掲）、同『古代日本国家形成の考古学』（前掲）。

（12）『牛頸窯跡群』（大野城市教育委員会、二〇〇八年）。

（13）『大宰府史跡　昭和五十九年度発掘調査概報』（九州歴史資料館、一九八五年）。

（14）『県営ほ場整備事業・県営公害防除特別土地改良事業関係埋蔵文化財調査概要』昭和五十九年度（石川県立埋蔵文化財センター、一九八五年）。

（15）『桜生古墳群発掘調査報告書』（滋賀県教育委員会、一九九二年）

（16）巽淳一郎「古代の焼物調納制に関する研究」（森郁夫先生還暦記念論文集刊行会編『瓦衣千年』、一九九九年）。

(17)『飛鳥・藤原宮発掘調査概報』二三（一九九三年）、『奈良国立文化財研究所年報』一九九三（一九九三年）。
(18)『富山県小杉町・大門町小杉流通業務団地内遺跡群 第二次緊急発掘調査概要』（富山県教育委員会、一九八〇年）。
(19) 溝口優樹「三輪君と須恵器生産の再編」（前掲）。
(20) 中村浩『和泉陶邑窯の歴史的研究』（芙蓉書房出版、二〇〇一年）。
(21) 中村浩『和泉陶邑窯の歴史的研究』（前掲）。
(22)『堺市史』続編四（一九七三年）法道寺文書一。
(23) 中村浩『和泉陶邑窯の歴史的研究』（前掲）。
(24)『大神神社史料』所収。
(25) 式内社研究会編『式内社調査報告』五（皇学館大学出版部、一九七六年）。
(26) 吉田晶「和泉地方の氏族分布に関する予備的考察」（小葉田淳教授退官記念事業会編『国文論集』一九七〇年）、佐伯有清『新撰姓氏録の研究』考証編二（吉川弘文館、一九八二年）。
(27) 中村浩『和泉陶邑窯の歴史的研究』（前掲）。
(28)『飛鳥藤原京木簡』二―一四八八。
(29) 薗田香融「岩橋千塚と紀国造」（『日本古代の貴族と地方豪族』塙書房、一九九二年、初出一九六七年）、吉田晶「和泉地方の氏族分布に関する予備的考察」（前掲）。
(30) 鷺森浩幸「陶邑と陶部」（前掲）。
(31) 中林隆之「古代和泉地域と上毛野系氏族」（『和泉市史紀要』一一、二〇〇六年）。
(32) 溝口優樹「三輪君と須恵器生産の再編」（前掲）。

(33) 拙稿「紀伊国造の成立と展開」(『日本古代氏族系譜の基礎的研究』前掲、初出二〇一一年)、拙著『古代氏族の系図を読み解く』(吉川弘文館、二〇二一年)。
(34) 丹生家文書。和歌山県立文書館寄託。
(35) 『続群書類従』一一上。
(36) 大柴清圓「大名草彦命高野明神説」(『高野山大学密教文化研究所紀要』三〇、二〇一七年)。
(37) 中村浩『和泉陶邑窯の歴史的研究』(前掲)。
(38) 西村康「陶邑・猿投・牛頸」(奈良国立文化財研究所創立三十周年記念論文集刊行会編『文化財論叢』一、同朋舎、一九八三年)。
(39) 和田萃「三輪山祭祀の再検討」(『日本古代の儀礼と祭祀・信仰』下、塙書房、一九九五年、初出一九八五年)。
(40) 菱田哲郎「須恵器の生産者」(前掲)。
(41) 野田嶺志「物部氏に関する基礎的考察」(『史林』五一―二、一九六八年)。
(42) 篠川賢『物部氏の研究』(雄山閣、二〇〇九年)。
(43) 竹本晃「『日本書紀』における『始祖』と氏」(『古代文化』五八、二〇〇六年)。
(44) 坂本太郎「纂記と日本書紀」(『坂本太郎著作集』二、吉川弘文館、一九八八年、初出一九四六年)。
(45) 『大日本古文書』四―二二七。
(46) 直木孝次郎「土師氏の研究」(『日本古代の氏族と天皇』塙書房、一九六四年、初出一九六〇年)。
(47) 鷺森浩幸「陶邑古窯跡群と中臣系氏族」(『和泉市史紀要』一一、二〇〇六年)。
(48) 佐伯有義校訂『神祇全書』二(思文閣、一九七一年)。

(49) 教部省編『特選神名牒』(思文閣、一九七二年)。

第六章　三輪山の神はどのような性質を持っていたのか

1　国見儀礼の再検討

†王朝交替説と二段解説

かつての三輪山祭祀に関する研究は、王朝交替説にもとづく議論が主流であった。(1) 王朝交替説とは、前章でも述べたように、古代における天皇家が「万世一系」ではなく、複数の系統が何回かにわたって交替したとする学説である。

たとえば、直木孝次郎はオオタタネコ伝承（『古事記』崇神段・『日本書紀』崇神五年条〜八年十二月乙卯条）や、少子部蜾蠃《ちいさこべのすがる》の伝承（『日本書紀』雄略七年七月丙子条）などから、三輪山の神は祟り神としての性質を有しており、天皇家とは相容れない存在であったとした。そして、そのような関係が生じた背景には、五世紀代に勃興した「河内政権」が大和に侵攻し、四世紀代より三輪山の神を祀っていた「初期大和政権」を討ち滅ぼして、大和地域の支配権と三輪山の神の祭祀権を奪ったためであると論じた。(2)

しかし、現在では「王朝交替」という概念自体に疑問が呈されており、(3)直木説に対しても詳細な批判が出されている。(4)また、かりに「河内政権」が「初期大和政権」から祭祀権を奪ったことが祟りの要因であるならば、その祟りは「河内政権」に対してなされるべきであるが、『古事記』『日本書紀』において三輪山の神は「初期大和政権」に対して祟っている。これは、直木説の論旨からすれば明らかな矛盾である。

この点について直木は、万世一系が志向された『古事記』『日本書紀』の編纂段階では、こうした「王朝交替」の事実をそのまま五世紀のこととして載せるわけにはいかなかったとし、「初期大和政権」に関しては「史実として伝えられることがほとんどなかったと思われるから、歴史編纂にあたっては、何らか関係のある記事でこれらの天皇紀の空白部分を埋める必要もあった」と述べている。(5)

ただし、そうであるならば、三輪山の神と天皇家とが対立的な関係にあったとする伝承は、すべて「初期大和政権」の時代にかけられるはずであるが、『日本書紀』雄略七年条は直木説で言うまさに「河内政権」の時代であり、上記の説明によってもなお疑問が残る。

三輪山祭祀の問題は、王朝交替説とは一旦切り離して考える必要があろう。

そこで、王朝交替説に拠らない立場から三輪山祭祀を論じたのが、和田萃である。[6] その研究によれば、四世紀から五世紀にかけての三輪山は国見儀礼（天皇が高所から国の地勢や人々の生活を望み見る儀礼）の舞台であり、天皇が行う日神祭祀（皇祖神アマテラスに対する祭祀）の場でもあったが、五世紀後半に伊勢神宮が創祀され、[7] 日神祭祀が伊勢の地で行われるようになると、三輪山での祭祀は衰退・中断した。このことが契機となり、三輪山の神は祟りを引き起こす神となった。そして、六世紀中葉になると、王権から大神氏へ祭祀権が委譲され、大神氏の手によって祟り神としての三輪山の神に対する祭祀が再興されたのだという。これを便宜的に「二段解説」と呼ぶこととしよう。

この二段階説は、王朝交替説とは一線を画す立場から三輪山祭祀の展開過程を時系列に復元した点で高く評価できるが、細部については十分な論拠が示されていない点もある。そこで本章では、四〜五世紀にかけて三輪山で国見儀礼や日神祭祀が行われていたとする点と、五世紀後半から六世紀中葉にかけて三輪山祭祀が中断したことにより、三輪山の神が祟り神として認識されるようになったとする点について、改めて考えてみたい。

†三輪山頂の夢占い

はじめに、三輪山において国見儀礼が行われていた可能性を検証する。その最大の論拠とされているのは、『日本書紀』崇神四十八年正月戊子条（前掲・第二章）の夢占伝承である。二段階説では、この記事で活目尊（のちの垂仁天皇）が三輪山の山頂から四方に臨み、それによって皇位を継承したと描かれていることから、六世紀以降に天香久山で国見儀礼が行われるようになる以前には、三輪山の山頂で国見儀礼が行われていたとし、その時期は三輪山の西麓に天皇の宮が集中して営まれた四世紀代にまで遡る可能性があるとする。

たしかに、舒明天皇の時代には天香久山で国見儀礼が行われていたことが確認できる（『万葉集』一―二題詞）。また、『日本書紀』神武即位前紀戊午年九月戊辰条には、神武天皇による大和平定の場面が描かれている。天皇が菟田《うだ》の高倉山から大和の国中を見渡すと、墨坂《すみさか》周辺にはヤソタケル（八十梟帥）の軍勢が、磐余《いわれ》邑にはエシキ（兄磯城）の軍勢がそれぞれ陣を構えており、容易に進軍できなかった。天皇が夢占いを行うと、その夢に天神が現れて、天香久山の土で「天の平瓮《ひらか》」と「厳瓮《いつへ》」を作って祭祀を行えば、敵は平伏するだろうと告げた。翌朝には、オトウカシ（弟猾）も同じ内容を進言した。そこで、天皇はシイネツヒコ（椎根津彦）とオトウカシに天香久山の土を取りに行かせ、「天の平瓮」などを作って神々を祭った。そして、続く『同』神武即位前紀戊午年十月癸巳条・十一月己巳条では、神武天皇がヤソタケルとエシキの討伐に成功したと伝えている。

さらに、『日本書紀』崇神十年九月壬子条は、タケハニヤスヒコ（武埴安彦）の反乱伝承である。乱の顛末は省略するが、タケハニヤスヒコの妻のアタヒメ（吾田媛）が天香久山を「倭国の物実」として密かに持ち帰ったことを知ったヤマトトトヒモモソヒメは、タケハニヤスヒコが反乱を企てていることを予知し、そのことを天皇に奏上したという。

これらの記事について二段解説では、天香久山の土が呪力を持つ「倭国の物実」として描かれているとし、それはこの山が天皇の国見儀礼の場であったことによると説明する。

天香具山で国見儀礼が行われていたことは、認めてよいだろう。

しかし、三輪山において国見儀礼が行われていたことについては、『日本書紀』崇神四十八年正月戊子条のほかに、とくに根拠が示されているわけではない。四世紀代に三輪山の西麓地域に多くの宮が置かれたことも傍証として挙げているが、この時代の天皇は実在性が疑問視されており、宮の所在地に関する記載も史実とは見られない。そもそも三輪山周辺に宮が置かれたからといって、三輪山で国見儀礼が行われるとは限らない。

また、寺沢薫も前述の夢占伝承を三輪山での国見儀礼を示すものと解釈するが[8]、三輪山の頂上は標高が高く、樹木や尾根筋の関係からも周囲を見渡すには相応しくないことや、三輪山頂から祭祀遺物が出土していないことから、むしろ「檜原神社付近こそ国見儀礼には適した位置と地勢をもっている」と述べている。ただし、この解釈にしたがうならば、『日本書紀』崇神四十八年正月戊子条に「御諸山の嶺《たけ》に登りて」とあることと様相が大きく異なってしまう。「嶺」は山頂と解すべきであり、伝承の論理では山麓や山の中腹ではなく山頂であるからこそ「悉《あまね》く四方に」臨むことができるのである。

†聖域としての三輪山

そこで、以下の点を指摘したい。第一に、豊城命と活目尊が三輪山に登ったのは、あくまでも夢の中の話であり、現実世界で三輪山に登ったわけではない。一方、崇神天皇も両者の夢を聞いて皇位継承者を決定したに過ぎないのであり、夢の世界でも、現実の世界でも、三輪山に足を踏み入れてはいない。このことは、三輪山が国見儀礼の舞台というよりも、むしろ通常は容易に立ち入ることのできない聖域（アジール）であったことを示している。

ここで参考になるのは、次の例である。『日本書紀』雄略三年四月条によれば、廬城部《いおきべの》武彦《たけひこ》が伊勢斎王である栲幡《たくはた》皇女を妊娠させたと、阿閉国見《あへのくにみ》が讒言した。武彦の父である廬城部枳莒喩《きこゆ》は、子の罪が自分に及ぶことを恐れ、武彦を呼び出して殺害した。一方、天皇が栲幡皇女を尋問したところ、皇女は無罪を主張して五十鈴川のほとりで自害した。遺体を調べてみると皇女は妊娠しておらず、二人とも無実であったことが判明した。これを知った枳莒喩は、自分の子を殺してしまったことを後悔し、報復に国見を殺害しようとした。そこで、国見は石上神宮（奈良県天理市）に逃げ隠れた、という。

また、『続日本紀』天平神護元年（七六五）八月庚申条には、舎人《とねり》親王の孫に当たる和気《わけ》王が皇位を狙い、紀益女《きのますめ》に依頼して称徳天皇を呪詛させ、粟田道麻呂《あわたのみちまろ》とともに謀反を企てた。しかし、道麻呂に刀を贈ったことから計画が露見してしまい、和気王は率川神社に逃げ込んだ、とある。

これらと同じことは三輪山においても確認できる。『日本書紀』用明元年（五八六）五月条（前掲・第一章）は、穴穂部皇子と物部守屋によって逆が討伐された記事であるが、守屋の軍勢が到来したことを聞いた逆は、三輪山に身を隠したと記されている。これは単に樹木が生い茂っていて、敵の軍勢に発見されにくいという理由だけではなく、石上神宮や率川神社と同じように、三輪山の山中も祭祀を執り行う場として一種の聖域と見なされ、平時はたやすく立ち入ることが許されていなかったことをうかがわせる。(9) こうした信仰を背景として、のちに大神神社の禁足地が整備されていったのだろう（第七章）。したがって、夢占伝承において豊城命と活目尊が三輪山に登っているのは、あくまでも夢の中であることが重要なのであり、現実に三輪山の頂上で国見儀礼が行われていたことを示すものではないと考えられる。

第二は、タケハニヤスヒコの反乱伝承が、崇神天皇の時代のこととして語られている点である。崇神天皇は夢占伝承のみならず、『古事記』『日本書紀』のオオタタネコ伝承からも知られるように、三輪山との関係がとくに深い天皇である。その崇神天皇の時代に、三輪山の土ではなく、天香久山の土が「倭国の物実」として支配の象徴のように描かれていることは不可解である。かりに崇神天皇の時代に三輪山で国見儀礼が行われていたと伝えられていたならば、アタヒメは三輪山の土を「倭国の物実」として採取するのが自然であろう。

以上のことから、天香久山での国見儀礼が確認される舒明朝以前に、三輪山の山頂・山麓で国見儀礼が行われていたことを示す明確な根拠は見当たらないと言える。

2 日神祭祀の再検討

†神坐日向神社の鎮座地

次に、四〜五世紀代の三輪山において日神祭祀が行われていたという点を検証したい。

神坐日向神社（大神神社提供）

従来の研究で根拠とされているのは、現在の三輪山頂に鎮座する高宮《こうのみや》神社を、古代の神坐日《みわにいますひ》向《むかい》神社に比定する説が存在すること、そして三輪山西麓の笠縫邑《かさぬいむら》にアマテラスを祭ったとする伝承があること、これらの二点である。

まず、『延喜式神名帳』大和国城上郡条には、大和国城上郡の冒頭に「大神大物主神社」（大神神社）が置かれ、それに続いて「神坐日向神社」が記されている。この神社は現在、大神神社の南に鎮座する同名の神坐日向神社（桜井市三輪字御子宮）に比定されているが、その論社がもう一つ存在する。それが前述した三輪山頂の高宮神社である。

論社とは、古代の史料に登場する神社が、現在のどの神社を指しているのかを考証する際、その候補となる神社のことである。二段階説では、大神神社所蔵『三輪山古図』に描かれた三輪山の頂上に「神在日向社」と記されていることから、古代においては神坐日向神社が三輪山頂に鎮座しており、「日向」の名称が示すように、そこで日神祭祀が行われていたと説明してきたのである。

問題となるのは、はたして古代に神坐日向神社が三輪山頂に所在していたかどうかである。この神社は、『延喜式神名帳』大和国城上郡条のほか、『日本三代実録』貞観元年（八五九）正月二十七日甲申条に、

京畿七道の諸神の階《しな》を進め、及び新《あらた》に叙するもの、惣《すべ》て二百六十七社なりき。（略）
従五位下（略）神坐日向神。（略）に並びに従五位上。

とあり、この時に従五位上が与えられたことが知られるが、ほかには記録がない。

それに対して、院政期に成立した『大神崇秘書』では、「三輪山の峯の青垣山」に「高宮」または「上宮」が鎮座しており、これが神坐日向神社に該当するとしている。文永二年（一二六五）成立の『大神分身類社抄』も、「三輪の上の神社」が神坐日向神社であるとする。よって、神坐日向神社が三輪山の山頂に鎮座したとする言説は、十二世紀から十三世紀頃に現れてきたことが分かる。また、これらの史料が、神坐日向神社の比定（所在地

を考証すること）を行っているということは、十二世紀から十三世紀頃には、すでに神坐日向神社の鎮座地が分からなくなっていたことを示している。

では、これまでの研究で言及されてきた『三輪山古図』以外の絵画資料を確認してみよう。三輪山を描いた絵画資料は『三輪山古図』のほかに、『三輪山絵図』（大神神社所蔵）、『和州三輪大明神絵図』（同）、『三輪社絵図』（同）、『和州大三輪社絵図』（同）、『大和国三輪神社之図』（天理図書館所蔵）、『大和国三輪神社図』（宮内庁所蔵）の七種類が挙げられる。

このうち『三輪山古図』の三輪山頂に「神在日向社」と記されていることは先に述べたが、『三輪山絵図』には「高峯」、『和州三輪大明神絵図』には「神上ノ宮」、『三輪社絵図』には「高宮」、『大和国三輪神社之図』には記載なし、『大和国三輪神社図』には「上ノ宮」、『和州大三輪社絵図』にも「上ノ宮」とある。「高峯」は「こうのみね」と読み、そこに鎮座する宮が「こうのみや」であり、それにさまざまな漢字を当てて「神上ノ宮」「高宮」「上ノ宮」などと表記したものと思われる。

これらの成立年代は、『三輪山絵図』は室町時代、『三輪山古図』は文政十三年（一八三〇）、『三輪社絵図』は正保二年（一六四五）、『大和国三輪神社図』は慶応四年（一八六八）の成立であることが分かっている。ほかは不明であるが、景山春樹は『三輪山絵図』を現存最古のものと位置づけ、『三輪山古図』『和州三輪大明神絵図』『三輪社絵図』は、いずれ

三輪山絵図（大神神社提供）

も『三輪山絵図』を基礎として作成されたとする。(10)

とするならば、現存する七種類の絵画資料のうち、三輪山頂と神坐日向神社の直接的な関係を示すものは、『三輪山古図』のわずか一例のみである。しかも、それより早くに成立した『三輪山絵図』には「高峯」と記されているだけであり、神坐日向神社との関係は示されていない。『三輪山古図』は『三輪山絵図』を基礎として、江戸時代に入ってから作成されたものであることから、『三輪山古図』の作者は底本に「高峯」とあった箇所を、意図的に「神在日向社」と書き換えたことになる。

この書き換えが何を根拠に行われたのかは定かでないが、鎌倉時代成立の『倭姫命《やまとひめのみこと》世記《せいき》』崇神五十八年辛巳条には、アマテラスを奉戴して各地を転々としたトヨスキイリヒメ(豊鍬入姫命)が「倭の弥和の御室の嶺の上宮」に戻って来て二年間滞在したとある。こうした中世以降の言説の影響を受けて、『大神崇秘書』や『大神分身類社抄』のように、神坐日向神社が三輪山頂に鎮座していたとする言説が発生したのではないだろうか。

このように、従来は『三輪山古図』に描かれた三輪山の頂上部分に「神在日向社」と記されていることが注目されてきたが、その記載は『三輪山絵図』の「高峯」を後世の人が書き換えたものであり、古代の三輪山頂に神坐日向神社が鎮座していたことを示す根拠にはならない。神坐日向神社は貞観元年に従五位上の神階を授与されたのちに、ほどなくして荒廃したか、あるいは大神神社に関係する神社と統廃合されるなどして、十二世紀から十三世紀頃には所在不明となっており、そのために鎮座地の捜索が行われるようになったと考えられる。したがって、現存する史料からは、神坐日向神社が古代の三輪山頂に鎮座していたと論証することは困難である。

なお、付言しておきたいのは、三輪山の頂上から祭祀遺物が出土したという報告が全くないことである。もちろん、三輪山は現在でも入山に許可が必要であり、発掘調査も禁じられているが、これまで三輪山麓で発見された祭祀遺物には、表採資料が多く含まれている。かつて大神神社の禁足地には容易に入ることができ、臼玉などが採集されていたとも伝えられている。(11) にもかかわらず、三輪山頂で祭祀遺物が発見されていないことは、やはりこの場所では古代の祭祀が行われていなかったことを傍証するものと言えよう。

笠縫邑の伝承

次に、三輪山の山頂で日神祭祀が行われていたとする第二の根拠を検証したい。『日本書紀』崇神五年条（前掲・第一章）には、国内に疫病が多く発生し、人民の過半数が死亡するほどであったとある。その記事に後続して『日本書紀』崇神六年条には、百姓《おほみたから》流離《さすら》へぬ。或いは背叛《そむ》くもの有り。其の勢、徳《うつくしび》を以て治めむこと難し。是を以て、晨《つと》に興《お》き、夕《ゆふべ》までに惕《おそ》りて、神祇《あまつかみくにつかみ》に請罪《のみまつ》る。是より先に、天照大神・倭《やまとの》大国魂《おおくにたま》、二《ふたはしら》の神を、天皇の大殿の内に並祭《いはひまつ》る。然して、其の神の勢を畏《おそ》りて、共に住みたまふに安からず。故、天照大神を以ては、豊鍬入姫《とよすきいりひめ》命に託《つ》けまつりて、倭の笠《かさ》縫邑《ぬいむら》に祭る。仍りて、磯堅城《しかたき》の神籬《ひもろぎ》〈神籬、此をば比莽呂岐《ひもろぎ》と云ふ。〉を立つ。亦、日本大国魂《やまとのおおくにたま》神を以ては、渟名城入姫《ぬなきいりひめ》命に託けて祭らしむ。然るに渟名城入姫命、髪落ち体痩《やすか》みて、祭《いはひまつ》ること能《あた》はず。

とある。その大筋は、崇神天皇の時代に疫病が流行する以前、アマテラスとオオクニタマを天皇が住む殿舎内に並祭していたが、アマテラスをトヨスキイリヒメに託して笠縫邑に磯堅城の神籬を立てて祭らせ、オオクニタマはヌナキイリヒメに託して祭らせたが、ヌナキイリヒメは髪が抜け、体が衰弱してしまい、祭祀を行うことができなかった、というものである。ここに登場する倭の笠縫邑は、檜原神社（桜井市三輪字檜原）付近に比定されている。

従来はこの記事を根拠として、三輪山麓に祭場が設けられ、そこで日神祭祀が行われたと説明されてきた。しかし、この理解には疑問が残る。前述のとおり、二段解説では現在の高宮神社を式内社の神坐日向神社に比定し、三輪山頂での日神祭祀を想定したのである

檜原神社（大神神社提供）

が、それに対して檜原神社は三輪山の麓に所在しており、日神祭祀が行われた場所が三輪山の山頂なのか山麓なのかが判然としないのである。しかも、笠縫邑で祭られたのはあくまでも皇祖神たるアマテラスであり、三輪山の神に対する祭祀が行われたとは記されていない。したがって、笠縫邑伝承から三輪山での日神祭祀の痕跡を読み取ることはできない。

3　神の性質の重層性

†神の性質の分類

では、三輪山で国見儀礼や日神祭祀が行われていなかったとするならば、どのような祭祀が行われていたのだろうか。古くから人々によって祭祀の対象とされてきた三輪山の神は、多様な性質を持っていたことが指摘されている。

池田源太は『古事記』や『日本書紀』の記事から、三輪山の神が持つ神格を、山林と共にある神、雷神、蛇神の正身を持つ神、オオクニヌシの幸魂・奇魂、光あるもの、人間の女子と婚姻する神、氏族の守護神（祖先神）の七種類に分類し、この順番に新たな神格が創出・付与されていったと論じた。[12] 和田萃はこの分類を踏まえた上で、軍神（征討神）としての性質と、祟り神としての性質を追加した。[13]

このうち祟り神について、益田勝実は大きな災厄をもたらす反面、手厚く祭れば平穏や豊穣をもたらしてくれる神であると述べており、[14] 西山徳も疫病をもたらす神（疫病神・行疫神）であると同時に、手厚く祭ることによって疫病を鎮める神にもなると定義している。[15]

これらの研究は、それまで漠然と捉えられてきた三輪山の神の神格から、個々の属性を抽出・分類した点で大いに参考になる。改めて筆者なりに整理するならば、以下のようになる。

①山林・樹木の神
②光を発する神・雷神
③蛇神
④人間の女子と婚姻する神
⑤氏族の守護神（氏神・祖先神）

⑥軍神（征討神）
⑦国家の守護神
⑧祟り神（疫病神・行疫神）

もちろん上記①〜⑧の分類も便宜的なものではあるが、ひとまずこのように整理した上で、以下では三輪山の神が登場する記事を改めて確認したい。それぞれの記事はさまざまな論点を含んでいるが、三輪山の神の性質に絞って見ていくこととする。

†国作り神話における三輪山の神

まず、『古事記』上巻（少名毘古那神と国作り）には、

故《かれ》、爾《そ》れより、大穴牟遅《おおなむち》と少名毘古那《すくなびこな》と、二柱の神、相並ばして、この国を作り堅めたまひき。然《さ》て後は、其の少名毘古那神は、常世国《とこよのくに》に度《わた》りましき。（略）是に、大国主神、愁ひて告《の》りたまひしく、「吾、独《ひとり》にして、何《いず》にか能く此の国を得作らむ。孰《いず》れの神と吾と、能く此の国を相作らむや」とのりたまひき。是の時に、海を光《てら》して依り来る神ありき。其の神の言《の》りたまひしく、「能く我が前を治めば、吾、能く共与《とも》に相

作り成さむ。若し然らずば、国成り難けむ」とのりたまひき。爾に、大国主神曰ししく、「然らば治め奉る状《さま》は奈何《いか》にぞ」とまをしたまへば、「吾をば、倭の青垣の東の山の上に伊都岐奉《いつきまつ》れ」とのりたまひき。此は、御諸山の上に坐す神なり。

とあり、『日本書紀』神代上第八段一書第六には、

大国主神、亦の名は大物主神、亦は国作大己貴命《くにつくりのおほなむち》と号《まう》す。（略）夫《か》の大己貴命と、少《すくな》彦名《びこな》命と、力を戮《あは》せ心を一《ひとつ》にして、天下《あめのした》を経営《つく》る。（略）其の後に、少彦名命、行きて熊野の御碕《みさき》に至りて、遂に常世郷《とこよのくに》に適《いでま》しぬ。亦曰はく、淡嶋《あはのしま》に至りて、粟茎《あはがら》に縁《のぼ》りしかば、弾かれ渡りまして常世郷に至りましきといふ。自後《これよりのち》、国の中に未だ成らざる所をば、大己貴神、独能《ひとりよ》く巡り造る。遂に出雲国に到りて、乃ち興言《ことあげ》して曰《のたま》はく、「夫《そ》れ葦原中国《あしはらなかつくに》は、本より荒芒《あら》びたり。磐石《いは》草木に至《いた》るまでに、咸《ことごと》に能く強暴《あしか》る。然れども、吾、已に摧《くだ》き伏せて、和順《まつろ》はずといふこと莫《な》し」とのたまふ。遂に因りて言はく、「今、此の国を理《をさ》むるは、唯し吾一身《ひとり》のみなり。其れ吾と共に天下を理むべき者、蓋《けだ》し有りや」とのたまふ。時に、神しき光、海に照して、忽然《たちまち》に浮び来る者有り。曰はく、「如そ吾在らずは、汝何ぞ能く此の国を平《む》けしむや。吾が在るに由りて

の故に、汝其の大きに造る績《いたはり》を建つこと得たり」といふ。是の時に、大己貴神、問ひて曰はく、「然らば汝は是誰ぞ」とのたまふ。対へて曰はく、「吾は是、汝が幸魂《さきみたま》・奇《くし》魂《みたま》なり」といふ。大己貴神の曰はく、「唯然《しか》なり。廼《すなは》ち知りぬ、汝は是、吾が幸魂・奇魂なり。今、何処《いづこ》にか住まむと欲ふ」とのたまふ。対へて曰はく、「吾は日本国の三諸山に住まむと欲ふ」といふ。故《かれ》、即ち宮を彼処《かしこ》に営《つく》りて、就《ゆ》きて居《ま》しまさしむ。此、大三輪の神なり。此の神の子は、甘茂《かも》君等・大三輪君等、又、姫蹈鞴五十鈴《ひめたたらいすず》姫命なり。

とある。前者は、オオナムチ（オオクニヌシ）とスクナビコナがともに国作りをしていたが、途中でスクナビコナは常世国に去ってしまった。オオクニヌシが嘆いていると、光を放ち海上を浮かんで来る神があり、自分を祭るならば国作りに協力すると言った。そこで、オオクニヌシがその方法を問うと、その神は自分を「倭の青垣の東の山の上」に祭るよう指示した。これが「御諸山の上に坐す神」であるという。

後者もほぼ同じ内容である。オオクニヌシ（別名オオモノヌシ・オオナムチ）が、協力者であるスクナビコナを失って嘆いていると、光を放ち海上を浮かんで来る神があり、オオクニヌシがその正体を問うと、自分はオオクニヌシ自身の「幸魂」（人に幸福をもたらす神の性

出雲大社の大国主神像

質）と「奇魂」（神秘的な力を発揮する神の性質）であると答えた。さらに、オオクニヌシがどこに住みたいかを問うと、その神は「日本国の三諸山」と答えたため、その地に宮を造営して住まわせた。これが「大三輪の神」であり、その子孫が賀茂氏（甘茂君）と大神氏（大三輪君）であるとする。

前者の「御諸山の上に坐す」という描写からは①山林・樹木の神、「海を光して依り来る」という描写からは②光を発する神・雷神、「この国を作り堅めたまひき」とあることからは⑦国家の守護神としての性質を、それぞれうかがうことができる。

後者も「日本国の三諸山に住まむと欲ふ」「神しき光、海に照して」「此の神の子は、甘茂君等・大三輪君等」「汝が幸魂・奇魂なり」という記述からは、それぞれ①山林・樹木の神、②光を発する神・雷神、⑤氏族の守護神、⑦国家の守護神の性質が読み取れる。

次に『延喜式』巻第八　祝詞　出雲国造神賀詞《いずもこくぞうかむよごと》には、

> 乃ち大穴持《おおなむち》命の申し給はく、皇御孫《すめみま》の命の静まり坐《ま》さむ大倭《やまと》の国と申して、己の命の和魂《にぎみたま》を八咫の鏡に取り託《つ》けて、倭の大物主櫛𤭖玉命《おおものぬしのくしみかたま》と名を称へて、大御和《おほみわ》の神奈備《かんなび》に坐せ、（略）皇孫《すめみま》の命の近き守り神と貢り置きて、八百丹杵築《やおにきづき》宮に静まり坐しき。

とある。「出雲国造神賀詞」とは、出雲国造《いずもこくそう》（出雲地域を管掌した地方官。律令制下では出雲大社の神職を継承した）が新任されるに当たり、出雲国の神々を一年間潔斎《けっさい》して祭った後、神々の祝いの言葉を中央に出仕して奏上し、さらに王権への服属を誓約するために奏上する祝詞《のりと》である。その起源を述べた部分に、三輪山の神（大物主櫛𤭖玉命）が登場する。そこでの「大御和の神奈備に坐せ」という描写からは①山林・樹木の神、オオナムチの「和魂」（神の温和な性質）であり、「皇孫命の近き守り神」という表現からは⑦国家の守護神としての性質がうかがえる。

†丹塗矢伝承と箸墓伝承

次に、『古事記』神武段には、

故《かれ》、日向に坐しし時、阿多《あた》の小椅《をばし》君の妹、名は阿比良比売《あひらひめ》（略）を娶して生める子は、多芸志美美《たぎしみみ》命、次に岐須美美《きすみみ》命、二柱坐しき。然れども、更に大后《おほきさき》と為む美人《をとめ》を求《ま》ぎたまひし時、大久米《おほくめ》命、曰しけらく、「此間《ここ》に媛女《をとめ》有り。是を神の御子と謂ふ。其の神の御子と謂ふ所以は、三島溝咋《みしまのみぞくひ》の女、名は勢夜陀多良比売《せやだたらひめ》、其の容姿《かたち》麗美《うるはしかりき》。故、美和の大物主神、見感《みめ》でて、其の美人の大便為《くそま》れる時、丹塗矢《にぬりのや》に化《な》りて、其の大便為れる溝より流れ下りて、其の美人の富登《ほと》〈此の二字は音を以ゐよ。下は此に効《なら》へ。〉を突きき。爾に其の美人驚きて、立ち走り伊須須岐《いすすき》伎。〈此の五字は音を以ゐよ。〉乃ち其の矢を将《も》ち来て、床の辺に置けば、忽《たちま》ちに麗《うるは》しき壮夫《をとこ》に成りて、即ち其の美人を娶して生める子、名は富登多多良伊須須岐比売《ほとたたらいすすきひめ》命と謂ひ、亦の名は比売多多良伊《ひめたたらい》須気余理比売《すけよりひめ》〈是は其の富登と云ふ事を悪みて、後に名を改めつるぞ。〉と謂ふ。故、是を以ちて、神の御子と謂ふなり」とまをしき。

とある。この記事によれば、オオモノヌシが容姿麗美なセヤダタラヒメを見そめて、丹塗矢《にぬりのや》（赤色顔料の丹《に》を塗った神聖な矢）となって溝から流れ下り、婚姻してホトタタライススキヒメ（ヒメタタライスケヨリヒメ）が生まれたという。

ここでオオモノヌシが変化した丹塗矢は、『山城国風土記』逸文（『釈日本紀』所引）に「謂はゆる丹塗矢は、乙訓《おとくに》郡の社に坐せる火雷《ほのいか》神なり」とあることからもうかがえるように、②光を発する神・雷神としての性質を表したものである。また、オオモノヌシはセヤダタラヒメと婚姻していることから、④人間の女子と婚姻する神としての性質も有している。

また、『日本書紀』崇神十年九月条には、

> 是の後に、倭迹迹日百襲姫命、大物主神の妻《みめ》となる。然れども其の神、常に昼は見えずして、夜のみ来《きた》す。倭迹迹姫命、夫《せ》に語りて曰《い》はく、「君、常に昼は見えたまはねば、分明《あきらか》に其の尊顔《みかほ》を視《み》ること得ず。願はくは、暫留《しばし》りたまへ。明旦《くるつあした》に、仰ぎて美麗《うるは》しき威儀《みすがた》を観《み》たてまつらむと欲《おも》ふ」といふ。大神、対《こた》へて曰はく、「言理灼然《ことわりいやちこ》なり。吾、明旦に汝《いまし》が櫛笥《くしげ》に入りて居《お》らむ。願はくは、吾が形にな驚きましそ」とのたまふ。爰《ここ》に倭迹迹姫命、心の裏《うち》に密《ひそか》に異ぶ。明くるを待ちて櫛笥を見れば、遂《まこと》に美麗しき小《こ》蛇《おろち》あり。其の長さ大《ふと》さ衣紐《したひも》の如し。則ち驚きて叫啼《さけ》ぶ。時に大神、恥じて忽《たちまち》に人の形と化《な》りたまふ。其の妻に謂《かた》りて曰《のたま》はく、「汝、忍びずして吾に羞《はじみ》せつ。吾、還りて汝

に羞せむ」とのたまふ。仍りて、大虚《おほぞら》を践《ふ》みて、御諸山に登ります。爰に倭迹迹姫命、仰ぎ見て、悔ひて急居《つきう》。〈急居、此をば菟岐于《つきう》と云ふ。〉則ち箸に陰《ほと》を撞《つ》きて薨《かむさ》りましぬ。乃ち、大市に葬《はぶ》りまつる。故《かれ》、時の人、其の墓を号《なづ》けて箸墓《はしのみはか》と謂ふ。是の墓は、日《ひる》は人作り、夜は神作る。故、大坂山の石を運びて造る。則ち山より墓に至るまでに、人民相踵《おほみたからあいつ》ぎて、手遞伝《たごし》にして運ぶ。

とある。これは、箸墓伝承と呼ばれる。すなわち、ヤマトトトヒモモソヒメがオオモノヌシの妻となった。しかし、オオモノヌシは夜にしかやって来ないので、ヒメはその顔を見たことがなかった。そこで、翌朝まで留まってくれるよう頼むと、オオモノヌシは朝になったら櫛笥（化粧道具を入れる箱）に入っているので、自分の姿を見ても驚かないようにと言った。ヒメはその言葉を不思議に思いながらも、翌朝に櫛笥をあけてみると、美しい小蛇が入っており、驚いて叫んでしまった。すると、小蛇はたちまちオオモノヌシの姿になり、自分に恥をかかせたことを怒って、空中を歩いて三輪山（御諸山）に帰っていった。それを見たヒメは悔やんで尻餅をつき、その拍子に箸で下腹を撞いて亡くなってしまった。これに因んでその墓を箸墓と呼ぶようになった、という内容である。

ここでは、オオモノヌシが「大虚を践みて、御諸山に登ります」とあることから①山林・樹木の神、その姿が「美麗しき小蛇」として描かれていることから③蛇神、「倭迹迹日百襲姫命、大物主神の妻となる」とあることから④人間の女子と婚姻する神の性質が、それぞれ読み取れる。さらに、ヤマトトトヒモモソヒメが悲劇的な最期を迎えたことからは、人間に災いをもたらす⑧祟り神としての性質もうかがうことができる。

†オオタタネコ伝承と苧環伝承

『古事記』崇神段（前掲・第一章）のオオタタネコ伝承は、これまで繰り返し言及しているので割愛するが、その記事に後続して、

> 此の意富多多泥古《おおたたねこ》と謂ふ人を、神の子と知れる所以は、上に云へる活玉依毘売《いくたまよりびめ》、其の容姿端正《かたちうるは》しかりき。是に壮夫《をとこ》有りて、其の形姿威儀《すがたよそほひ》、時に比無《たぐひ》きが、夜《よ》半《なか》の時に、儵《たち》忽《まち》到来《き》つ。故、相感《め》でて、共婚《まぐは》ひして共住《すめ》る間に、未だ幾時《いくばく》もあらねば、其の美人、妊身《はら》みぬ。爾に父母、其の妊身みし事を怪《あや》しみて、其の女《むすめ》に問ひて曰《い》ひけらく、「汝は自《おのづか》ら妊《はら》みぬ。夫《を》无きに何由《いかに》か妊身める」といへば、答へて曰ひけらく、「麗美しき壮夫有りて、其の姓名《かばねな》も知らぬが、夕《よひ》毎に到来て共住める間に、自然《おのづから》懐妊《はら》みぬ」といひき。是を以ちて、其の父母、其の人を知らむと欲《おも》ひて、其の女に誨《をし》へて曰ひけらく、

「赤土《はに》を床の前に散らし、閇蘇《へそ》〈此の二字は音を以ゐよ。〉紡麻《を》を針に貫《ぬ》きて、其の衣《きぬ》の襴《すそ》に刺せ」といひき。故、教の如くして旦時《あした》に見れば、針著《つ》けし麻《を》は、戸の鉤穴《かぎあな》より控《ひ》き通りて出でて、唯遺《のこ》れる麻は三勾《みわ》のみなりき。爾に即ち鉤穴より出でし状を知りて、糸の従《まにま》に尋ね行けば、美和山《みわやま》に至りて神の社に留まりき。故、其の神の子とは知りぬ。故、其の麻の三勾遺りしに因りて、其地《そこ》を名づけて美和と謂うなり〈此の意富多多泥古命は、神君《みわ》・鴨君の祖《おや》なり。〉

とある。いわゆる苧環《おだまき》伝承である。容姿端正なイクタマヨリビメのもとに、ある男が通って来るようになった。ほどなくしてイクタマヨリビメは懐妊したが、彼女は相手の姓名を知らなかった。そこで、父母の教えにしたがい、男を迎える際に赤土を床の周辺に散布し、その衣に麻糸を通した針を刺しておいた。翌朝、麻糸は戸の鍵穴を通って外に出ていたので、糸を辿っていくと「美和山」の神社に至っており、これによって男が神の子であることを知った。そして、麻糸が三勾残っていたことに因んで、この地を「美和」と呼ぶようになったという。さらに、オオモノヌシとイクタマヨリビメの子孫であるオオタタネコは、大神氏や賀茂氏の祖になったと結んでいる。

上記のうち、オオタタネコ伝承には「御諸山に意富美和の大神の前を拝き祭りたまひき」とあり、オオモノヌシが三輪山に祭られたことから①山林・樹木の神、疫病を発生させたことから⑧祟り神としての性質を読み取ることができる。

一方、苧環伝承では、居所が三輪山の神の社とされていることから①山林・樹木の神、麻糸が戸の鍵穴を通って外に出ていること（この神の正身が蛇とされていること）から③蛇神、三輪山の神がイクタマヨリビメと婚姻したことから④人間の女子と婚姻する神、オオタタネコが大神氏の祖とされていることから⑤氏族の守護神として、それぞれ描かれていることが確認できる。

ちなみに、『日本書紀』崇神五年条〜八年十二月乙卯条のオオタタネコ伝承も、オオモノヌシがイクタマヨリビメと婚姻したことから④人間の女子と婚姻する神、オオタタネコを大神氏の始祖とすることから⑤氏族の守護神、疫病を流行させたことから⑧祟り神としての性質を、それぞれ読み取ることができる。

†祟りを起こす三輪山の神

『筑前国風土記』逸文（前掲・第二章）には、神功皇后が朝鮮半島に出兵しようとしたが、軍卒が多く逃亡したため占いを行うと、三輪山の神による祟りであると出た。そこで「大三輪社」を創祀したところ、無事に出兵することができたという。ここでは、三輪山の神が「即ち祟る神あり」と記されている。また、その祟りを鎮めることが契機となって兵士を集めることができ、最終的には出兵が成功したとあることから、⑥軍神（征討神）としての性質を読み取ることができる。

同じく『日本書紀』雄略七年七月丙子条（前掲・第一章）は、少子部蜾蠃が三輪山の神を捉えた伝承である。この記事では、少子部蜾蠃が「乃ち三諸岳に登り、大蛇《をろち》を捉取《とら》へて」とあることから①山林・樹木の神と③蛇神、捕縛された大蛇が天皇に対して「其の雷虺《かみひかり》虺《ひろめ》きて、目精《まなこ》赫赫《かがや》く」とあることから②光を発する神・雷神としての性質がうかがえる。また、「天皇、畏《かしこ》みたまひて、目を蔽《おほ》ひて見たまはずして、殿中に却《かく》入れたまひぬ」とあり、大蛇が天皇を威嚇したことによって、天皇はその姿を見ることができずに、そのまま三輪山に放生したとあることから、⑧祟り神としての性質も読み取ることができる。

不可分な神の性質

以上、三輪山の神から抽出された個々の性質が各記事の中でどのように描かれているかという点を概観した。その結果を整理するならば、以下のようになる。

『古事記』上巻…①・②・⑦

『日本書紀』神代上第八段一書第六…①・②・⑤・⑦
『延喜式』巻第八　祝詞　出雲国造神賀詞…①・⑦
『古事記』神武段…②・④
『日本書紀』崇神十年九月条…①・③・④・⑧
『古事記』崇神段（オオタタネコ伝承）…①・⑧
『古事記』崇神段（苧環伝承）…①・③・④・⑤
『日本書紀』崇神五年条〜八年十二月乙卯条（オオタタネコ伝承）…④・⑤・⑧
『筑前国風土記』逸文…⑥・⑧
『日本書紀』雄略七年七月丙子条…①・②・③・⑧

ここから、三輪山の神にはたしかに複数の性質を見て取ることができるが、それらは必ずしも別々ではなく、基本的に組み合わさった形で描かれていることが分かる。すでに述べたとおり、祟り神とは災厄をもたらすと同時に、手厚く祭れば平穏や豊穣をもたらしてくれる神とされる。近年では、そもそも祟りとは神威の発現であり、神の本質は祟ることにあるという点が強調されるようになった。[16] その意味では、①山林・樹木の神、②光を発する神・雷神、③蛇神、④人間の女子と婚姻する神、⑤氏族の守護神（氏神・祖先神）、⑥

軍神（征討神）、⑦国家の守護神、これらのどの性質であっても、⑧祟り神（疫病神・行疫神）としての性質とはつねに表裏一体の関係にあったと言える。したがって、三輪山の神は途中から祟り神としての性質を有するようになったのではなく、当初から祟り神を含む複数の性質を包摂する存在であったと考えることができる。

もちろん、時代背景や政治的要請によって、あるいは祭祀を執り行う主体や目的によって、祭祀対象となる神が持つ性質の中から一つがクローズアップされることはあり得るだろう。律令制下の国家祭祀として規定された鎮花祭は、まさに祟り神（手厚く祭れば平穏や豊穣をもたらし、疫病を鎮めてくれる神）としての側面が国家によって重視されたものであった。言い換えれば、三輪山の神の性質が変化したのではなく、国家側の認識・需要が変化したのである。そして、鎮花祭が整備され、国家祭祀の中に位置づけを与えられるのと連動する形で、祭祀の起源を説明するオオタタネコ伝承が『古事記』『日本書紀』に載録されるに至ったのである。

注

（1）上田正昭『大和朝廷』（講談社、一九九五年、初出一九六七年）、岡田精司「河内大王家の成立」

（『古代王権の祭祀と神話』塙書房、一九七〇年、初出一九六八年）、吉井巌「崇神王朝の始祖伝承とその変遷」（『天皇の系譜と神話』二、塙書房、一九七六年、初出一九七四年）、松前健「三輪山伝説と大神氏」（『大和国家と神話伝承』雄山閣出版、一九八六年、初出一九七五年）。
（2）直木孝次郎「応神王朝論序説」（『古代河内政権の研究』塙書房、二〇〇五年、初出一九六四年）。
（3）鈴木靖民『古代国家史研究の歩み』（新人物往来社、一九八〇年）、前之園亮一『古代王朝交替説批判』（吉川弘文館、一九八六年）。
（4）伊野部重一郎「大田田根子と三輪君」（『記紀と古代伝承』吉川弘文館、一九八六年、初出一九八三年）、田中卓「大神神社の創祀」（『田中卓著作集』一、国書刊行会、一九八七年）。
（5）直木孝次郎「天香久山と三輪山」（『古代河内政権の研究』前掲、初出一九七七年）。
（6）和田萃「三輪山祭祀の再検討」（『日本古代の儀礼と祭祀信仰』下、塙書房、一九九五年、初出一九八五年）。
（7）岡田精司「伊勢神宮の起源」（『古代王権の祭祀と神話』、塙書房、一九七〇年）。
（8）寺沢薫「三輪山の祭祀遺跡とそのマツリ」（和田萃編『大神と石上』筑摩書房、一九八八年）。
（9）和田萃「率川社の相八卦読み」（『日本古代の儀礼と祭祀・信仰』中、塙書房、一九九五年、初出一九八九年）。
（10）景山春樹「大三輪神社古絵図について」（『大神神社史料』三、吉川弘文館、一九七一年）。
（11）樋口清之「神体山三輪山と磐座」（東京三輪いかづち講編『神郷三輪山―神々の秘境をひらく』同友館、一九九〇年）。
（12）池田源太「大神神社の鎮座」（『大神神社史』吉川弘文館、一九七五年）。
（13）和田萃「三輪山祭祀の再検討」（前掲）。

（14）益田勝実「モノ神襲来」（『秘儀の島』筑摩書房、一九七六年）。
（15）西山徳「律令制と大神神社」（『上代神道史の研究』国書刊行会、一九八三年、初出一九七五年）。
（16）岡田荘司「天皇と神々の循環型祭祀形態」（『古代天皇と神祇の祭祀体系』吉川弘文館、二〇二二年、初出二〇〇五年）。

第七章

大神氏は三輪山祭祀にどう関わったのか

1　三輪山祭祀遺跡群

†大神神社の禁足地

三輪山祭祀に二つの段階があったとする説では、五世紀後半に伊勢神宮が創祀されると、三輪山での祭祀は衰退・中断し、それが契機となって三輪山の神は祟り神であると認識されるようになり、六世紀中葉になると王権から大神氏に祭祀権が委譲され、大神氏によって祟り神としての三輪山の神に対する祭祀が再開された、と論じてきた。

しかし、前章で述べたとおり、三輪山で日神祭祀が行われていたことや、三輪山の神が途中から祟り神になったことは、現存する史料からは確認できない。では、二段階説が主張する祭祀の衰退・中断は本当に存在したのだろうか。本章ではこの問題を足がかりとし、三輪山周辺に所在する祭祀遺跡のあり方と、『古事記』『日本書紀』における三輪山の表記に注目しながら、大神氏が三輪山での国家祭祀にどのように関わったのかを明らかにすることで、本書の総括としたい。

三輪山周辺から祭祀遺物が出土することは、早くから指摘されていた。(1)昭和に入り、大場磐雄(2)・樋口清之(3)らによる先駆的研究が発表されたが、多くは表採資料であり、出土地点や数量に混乱や齟齬が生じていた。その後、寺沢薫(4)・小池香津江(5)によって資料の整理が行われ、文献・考古の両側面から三輪山祭祀の検討が可能になった。これらを基礎とし、近年の発掘成果を踏まえて改めて整理したものが【表5】と【図4】である。ここでは主要な遺跡を紹介しよう。

三輪山の山中には巨石が点在しているが、『大三輪神三社鎮座次第』には、

当社、古来、宝倉無し。唯、三箇の鳥居有るのみ。奥津《おくつ》磐座は大物主命、中津《なかつ》磐座は大己貴命、辺津《へつ》磐座は少彦名命なり。

とあり、江戸時代には山中の磐座を標高によって分類し、山頂のものを「奥津磐座」、中

腹のものを「中津磐座」、山麓のものを「辺津磐座」と称していた。これを踏まえて樋口清之は、三輪山中における磐座の分布の再調査を行い、山頂から檜原神社の方向に向かって広がるオーカミ谷磐座群と、大神神社の方向に向かって広がる禁足地裏磐座群とに大別した。(6)

このうち禁足地裏磐座群を下ったところには、大神神社が鎮座している。大神神社の拝殿の奥には通常の鳥居を横に三つ並べた特徴的な形状の三ツ鳥居が備えられ、そこから東に約一〇〇～二〇〇m行ったところに磐座があり、三ツ鳥居からこの磐座までの間が禁足地とされている。寛文六年（一六六六）「三輪山禁足牓示定書」(7)では、東西二〇町五六間（約二・三㎞）、南北四町（約四三〇m）を禁足地としていることから、少なくとも江戸時代には、山頂付近に及ぶかなりの広範囲が禁足地として定められていたようである。

この禁足地の付近では、昭和三十三年（一九五八）の拝殿と三ツ鳥居の修理にともなって、三ツ鳥居の東北隅の敷石の下から、滑石製の子持勾玉《こもちまがたま》一点、土製模造品（盤）、須恵器片などが出土した。続いて、昭和三十六年（一九六一）の防災工事の際には、滑石製模造品（有孔円板・臼玉）、土師器、須恵器、瓦器、陶磁器片に加えて、拝殿の東南約二〇mの地点から子持勾玉が二点出土した。同五十八年（一九八三）にも、拝殿の東南東約一〇〇mの地点から、子持勾玉が一点出土している。子持勾玉とは、大形の勾玉の周囲に、複

	遺跡	地名	遺構	遺物
1	カタヤシキ	穴師		滑石製模造品（臼玉）
2	檜原神社付近	三輪	磐座	土製模造品（盤・高坏等）、土師器
3	玄賓谷遺跡	茅原		須恵器
4	オーカミ谷磐座群	三輪	磐座	
5	山ノ神遺跡	三輪	磐座・土坑	小形素文鏡、碧玉製勾玉、水晶製勾玉、鉄片（剣形鉄製品ヵ）、滑石製模造品（子持勾玉、勾玉、管玉、有孔円板、剣形製品、臼玉）、土製模造品（高坏、盤、臼、杵、杓、匙、箕、案、円板）、土師器、須恵器
6	禁足地裏磐座群	三輪	磐座	
7	箕倉山遺跡	茅原		土製模造品（高坏）、石製模造品（臼玉）、土馬
8	茅原源水・堀田	茅原		子持勾玉
9	奥垣内遺跡	馬場	磐座	滑石製模造品（双孔円板・臼玉・勾玉）、土製模造品（高坏等）、陶質土器、須恵器（大甕・坏・高坏・長頸壺等）、土師器
10	馬場遺跡	茅原		土製模造品（高杯）、臼玉
11	狭井神社鏡池周辺	馬場		土師器、須恵器
12	大神神社磐座神社境内	三輪	磐座	
13	大神神社若宮社境内	馬場	磐座	滑石製模造品（臼玉）、須恵器
14	大神神社二の鳥居付近	三輪		土製模造品（杯）、須恵器、土師器
15	大神神社夫婦岩	三輪	磐座	
16	大神神社三ツ鳥居下	三輪		子持勾玉、土製模造品（盤）、須恵器片
17	大神神社禁足地	三輪	磐座・土壇	子持勾玉、滑石製模造品（有孔円板・臼玉）、土師器、須恵器、瓦器、陶磁器片
18	素戔嗚神社境内	三輪	磐座	滑石製模造品（臼玉・管玉）、土師器
19	三輪小学校付近	金屋		土師器、須恵器、土製模造品、臼玉、勾玉、石製模造品（有孔円板・臼玉）
20	志貴御県坐神社境内	金屋	磐座	
21	天理教敷島教会付近	金屋		滑石製模造品（臼玉・有孔円板・勾玉）
22	国津神社付近	箸中		有孔石製品、土製模造品（高坏）、土師器、須恵器
23	織田小学校付近	芝		滑石製模造品（臼玉・勾玉）
24	九日神社付近	芝	磐座	
25	大三輪中学校校庭（芝遺跡）	芝	水田跡	子持勾玉
26	茅原丸田・廻り塚	茅原		子持勾玉
27	初瀬川・巻向川合流地点	芝		子持勾玉
28	松之本遺跡	粟殿		子持勾玉、土師器、須恵器、有孔円盤

表５　三輪山祭祀遺跡の遺構・遺物（位置は図４参照）

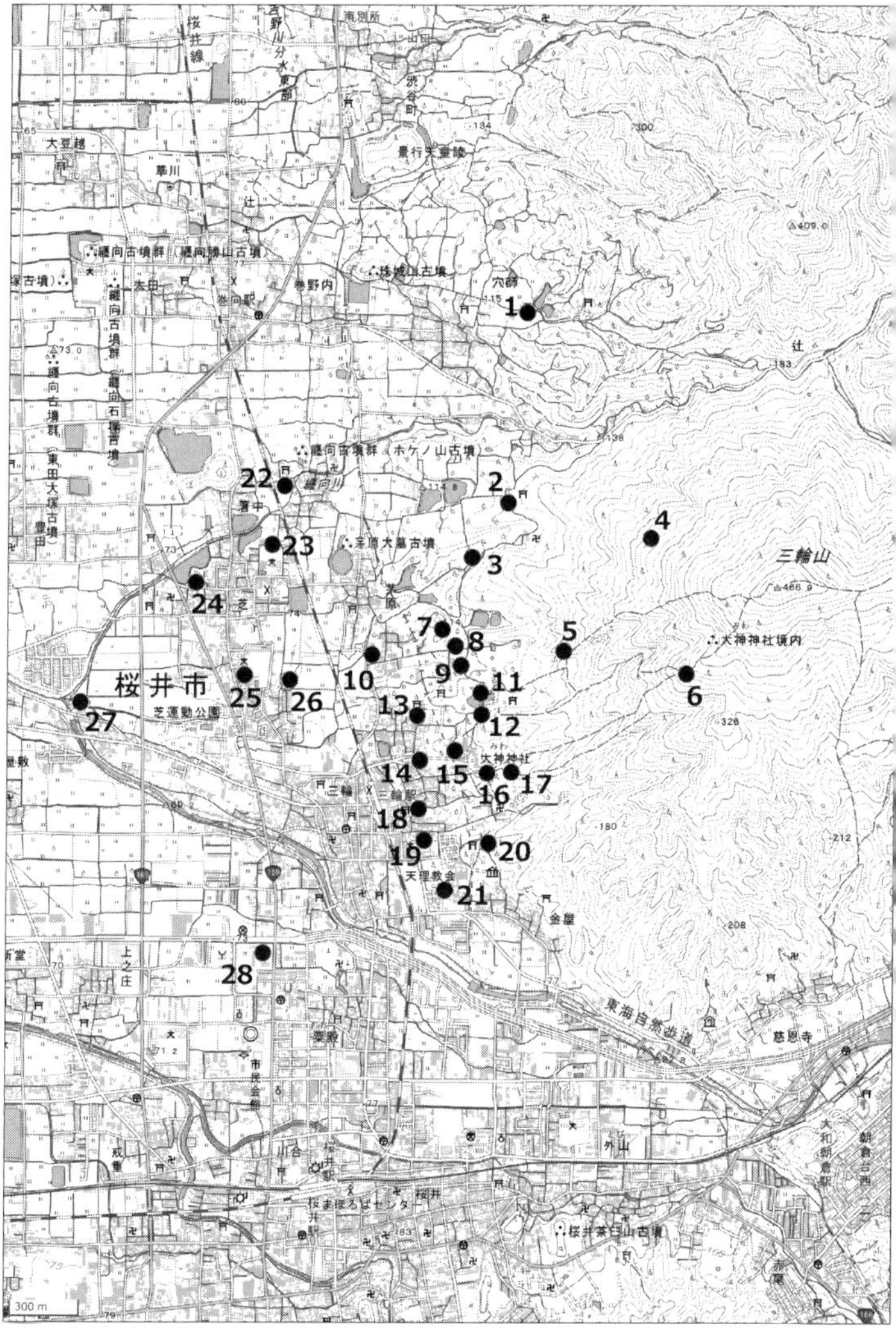

図４　三輪山麓の祭祀遺跡（1～28 の詳細は表５参照。国土地理院地図をもとに作成）

数の小さな勾玉（子勾玉）を背中合わせに付着させた形状のものである。勾玉から勾玉が生まれるとして多産や豊穣を祈る祭具ではないかとも言われているが、詳しい用途は不明である。

また、禁足地の東限に所在する磐座付近には、長方形の土壇の存在が指摘されている。『越家古記録』所収「禁足山之内ニ有之候御主殿渡之石垣堀崩候ニ付御吟味相願」[8]や、明治五年（一八七二）「現境内並正殿建立願書並右ニ対スル達書」[9]には、禁足地内に「御主殿跡」（御正殿跡・正殿跡・旧拝殿跡とも）と称する一〇〜一五間（約一八〜二七m）四方の土壇があったと記されており、現存する土壇がこれに該当すると考えられている。この遺構の成立時期については、弥生時代にまで遡るとする説[10]、五世紀以降とする説[11]、七世紀以降とする説などが出されており[12]、これまで十分な調査がなされていないため詳細は不明である。ただし、現在までに遺物が報告されていないことを重視するならば、三輪山での祭祀が盛行した時期よりも後に成立した可能性が高いだろう。

†山ノ神遺跡と奥垣内遺跡

山ノ神遺跡は、蜜柑畑の開墾中に、露頭していた数個の石材を取り除くために周囲を掘削したところ、一・八m×一・二mの斑糲岩の巨石を中心に、〇・六m四方の石が北側に一個、南側に三個配置され、さらに一・〇m四方の石が中心の巨石と北側の石に重なる状態で発見された。その下には河原石が敷かれ、地固めがなされていた。発見当初は古墳の石室として報告されたが(13)、のちに磐座遺構であると修正された。現地には磐座遺構が整備・保存されている。発見当時の状況は國學院大学博物館に復元展示されている。

山の神遺跡（大神神社提供）

発見から調査開始までの三ヶ月の間に巨石は動かされ、残念ながら多くの出土遺物が盗難されてしまったが、それでも小型素文鏡が三点、碧玉製勾玉が五点、水晶製勾玉が一点、碧玉製管玉が約十点、鉄片（剣形鉄製品ヵ）、滑石製模造品（子持勾玉が一点、勾玉が約百点、管玉が約百点、有孔円板が数百点、剣形製品が数百点、無数の臼玉）、土製模造品（高坏・杯・盤・臼・杵・杓・匙・箕・案・円板）、土師器、須恵器などが現存している(14)。これらの遺物については、『延喜式』に掲載されている酒造用具との共通性を指摘する説もある(15)。

一方、奥垣内《おくがいと》遺跡は、昭和四十年（一九六五）に温泉施設の建設工事の際に発見され、現在は「大美和の杜《もり》」として整備された公園内に整備・保存されている。磐座と見られる斑糲岩の巨石と、滑石製模造品（双孔円板・臼玉・勾玉）、土製模造品（高坏等）、陶質土器、須恵器（大甕・坏・高坏・長頸壺等）、土師器などが確認された。巨石が出土した本来の位置は分からなくなってしまったが、山ノ神遺跡と同じく一箇所に集中して出土したらしい。磐座の東側には直径五〇cmの須恵器大甕が埋納され、その中に多数の須恵器が入っており、付近に散乱していた滑石製模造品・土師器なども、この須恵器甕の中に入れられていたと推測されている。

祭祀遺物の年代

ここまで主要な遺跡のみ簡単に紹介したが、三輪山祭祀遺跡群から出土した祭祀遺物のうちで最も古い年代を示すのは、山ノ神遺跡出土の小形素文鏡・碧玉製勾玉・鉄片であり、四世紀後半から五世紀前半のものとされている。奥垣内遺跡出土の土師器や陶質土器も、四世紀末から五世紀初めに遡ると見られる。

これよりも新しい年代を示すのが、滑石製模造品や土製模造品である。前者は計一〇遺跡から、後者は計九遺跡から出土している。両者が重複して出土する遺跡も多く、ともに祭祀の中核を担っていたことが分かる。これらは、五世紀後半から六世紀前半のものと考えられている。

須恵器に関しては、佐々木幹雄が整理している。大神神社には山ノ神遺跡から出土した一〇点、奥垣内遺跡から出土した二五点、狭井神社鏡池周辺から出土した四点、大神神社若宮社境内から出土した八点、大神神社二の鳥居付近から出土した一〇点、出土地点が不明の一七点、計七四点の須恵器が保管されている。その大半は陶邑窯跡群で焼成されたものであるが、千里窯跡群（大阪府豊中市・吹田市）で製作されたものや、東海・山陰地方から搬入されたもの、朝鮮半島との関係がうかがえるものなども含まれる。このうち陶邑窯跡群焼成の須恵器の年代については、五世紀後半のものが二一%、六世紀前半のものが三五%、六世紀後半のものが二四%、七世紀前半のものが〇%、七世紀後半のものが三%、不明一七%という分析結果が出ている。[16]

子持勾玉は、大三輪中学校校庭（芝遺跡）、茅原源水・堀田、山ノ神遺跡、大神神社禁足地、大神神社三ツ鳥居下、初瀬川・巻向川合流地点、松之本遺跡から出土している。[17]子持勾玉は一般的に、およそ五世紀中葉から六世紀代の祭祀で多く用いられるが、古いものほど親勾玉が肉厚で断面が円形に近く、子勾玉も勾玉形をしており、次第に親勾玉が扁平になり、子勾玉が山形の突起状へ退化していく傾向がある。三輪山周辺の子持勾玉は、大三輪中学校校庭出土のものが五世紀後半、茅原源水・堀田と山ノ神遺跡出土のものが五世紀末、大神神社禁足地出土のものは六世紀代と推定されている。大神神社三ツ鳥居下出土の

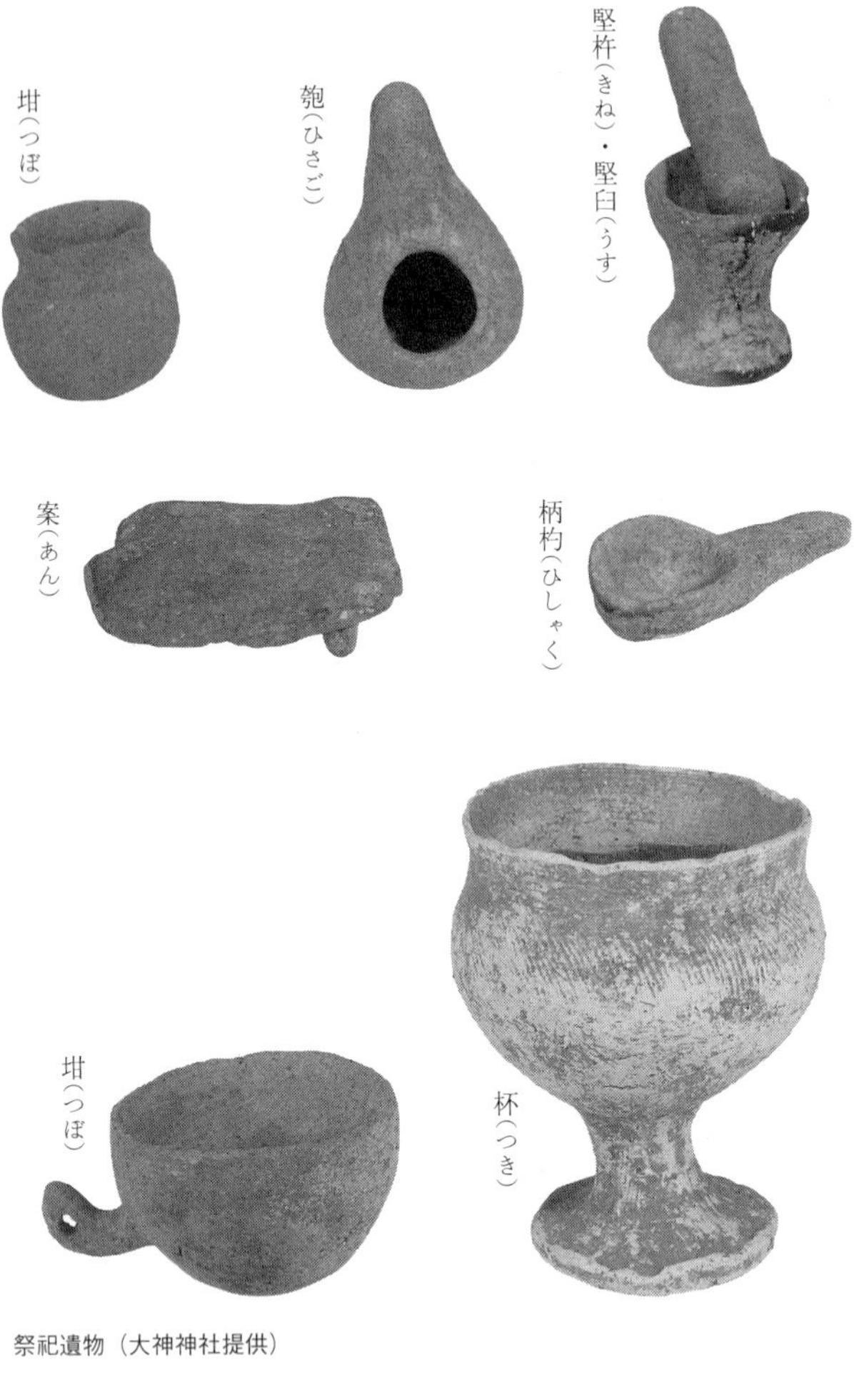
坩（つぼ）
匏（ひさご）
堅杵（きね）・堅臼（うす）
案（あん）
柄杓（ひしゃく）
坩（つぼ）
杯（つき）

祭祀遺物（大神神社提供）

ものは、体部下半が残存するのみであるが、大神神社禁足地出土のものに近い形状である。初瀬川・巻向川合流地点出土のものは、実測図が残っていないため確認できないが、古い形状のものであったと言われている。[18] 松之本遺跡出土のものは、一点は完形、一点は体部下半のみで、いずれも六世紀代のものとされる。[19]

このように、三輪山周辺の祭祀遺跡群から出土した遺物は、四世紀後半に遡る可能性があるものが数点含まれてはいるが、出土量としては五世紀後半から格段に増加しはじめ、六世紀代にピークとなり、七世紀前半に入ると減少している。この傾向から、三輪山祭祀は五世紀後半に本格的に開始され、六世紀代には最盛期を迎えたが、七世紀に入ってそれまでの祭祀遺物を用いない新しい実施形態へと変容した、という流れを復元することができる。

なお、三輪山祭祀の開始時期については、四世紀中葉と見る説や、[20] 三世紀代にまで遡るとする説もあるが、[21] 五世紀後半以前は遺物が非常に少ないため不明な点が多い。ここでは、遺跡の件数や遺物の出土量が大幅に増え、祭祀が継続的に実施されるようになる五世紀後半を画期として理解しておく。

そして、この分析結果は、二段解説の理解と大きく異なっている。[22] すなわち、五世紀後半に日神祭祀が伊勢へ移されたことによって、三輪山での祭祀が一時的に衰退・中断し、六世紀中葉になって祟り神に対する祭祀として復活したとするならば、六世紀前半の時期の遺物は減少して然るべきであるが、この間も祭祀遺物は出土している。むしろ出土量からすれば、この時期は祭祀の最盛期と位置づけられる。したがって、五世紀後半から六世紀中葉にかけて三輪山祭祀が衰退・中断したという事実は認められないのであり、その時期を境に三輪山の神が祟り神となったとする理解も成立しがたいと考えられる。

2 三輪山の表記の変化

†「御諸山」と「三輪山」

次に、二段階説を別の角度から発展させたものとして、松倉文比古の研究を取り上げたい。松倉は、三輪山に「御諸山（三諸山・三諸岳・三諸之岳）」と「三輪山（美和山）」の二つの表記方法があることに着目した。そして、「御諸山」は天皇家に関係する伝承に用いられているとし、三輪山はもともと「御諸山」と呼ばれており、天皇家にとって重要な「聖山」であり「宗教儀礼を実修する場」であったが、六世紀以降に大神氏が三輪山祭祀を担当するようになったため、それ以降は大神氏のウジナをとって「三輪山」と呼ばれるよう

になった、と述べている。(23)

たしかに「御諸」とは、たとえば「三諸つく三輪山」(『万葉集』七―一〇九五)とあるように、三輪山に関係して用いられることが多い。しかし、

「我が宿に御諸を立てて」(『万葉集』三―四二〇)
「木綿掛けて祭る三諸」(『万葉集』七―一三七七)
「三諸の神」(『万葉集』九―一七七〇・十三―三二二七)
「祝らが斎ふ三諸」(『万葉集』十二―二九八一)
「御窟殿」「御窟院」(『日本書紀』朱鳥元年〈六八六〉正月己未条・七月丙寅条)
「御室山」(『出雲国風土記』大原郡条)
「御諸神社」(『延喜式神名帳』山城国紀伊郡条)

といった多くの用例から知られるように、本来は神が坐す聖なる場、あるいは祭祀などを行うための斎場を意味する一般名詞である。(24) また、松倉氏は「山」(御諸山・三輪山)の表記だけでなく、そこに鎮座する「神」(三輪山の神)や「社」(大神神社)の表記も含めて分析しており、そのために表記上の特徴が見えにくくなっている。そこで、「山」の表記に

	語	表記	出典	記事概要
①	ミモロ	御諸山	『記』上巻	オオクニヌシの国作り
②	ミモロ	御諸山	『記』崇神段	オオタタネコ伝承
③	ミワ	美和山	『記』崇神段	苧環伝承
④	ミモロ	三諸山	『紀』神代上第八段一書第六	オオクニヌシの国作り
⑤	ミモロ	御諸山	『紀』崇神十年九月条	箸墓伝承
⑥	ミモロ	御諸山	『紀』崇神四十八年正月戊子条	夢占伝承
⑦	ミモロ	御諸山	『紀』景行五十一年八月壬子条	蝦夷の畿外移配
⑧	ミモロ	三諸岳	『紀』雄略七年七月丙子条	少子部蜾蠃の伝承
⑨	ミモロ	三諸岳	『紀』敏達十年(五八一)閏二月条	蝦夷綾糟の誓約
⑩	ミモロ	三諸之岳	『紀』用明元年(五八六)五月条	三輪逆の殺害
⑪	ミワ	三輪山	『紀』皇極二年(六五六)是歳条	養蜂の失敗
⑫	ミワ	三輪山	『紀』皇極三年(六五七)六月乙巳条	昼寝をする猿の予言歌

表6 『古事記』『日本書紀』における三輪山の表記

絞って改めて整理したものが【表6】である。

†『古事記』における三輪山の表記

【表6】のうち①から⑩はすでに言及した記事であることから、ここでは簡単に内容を振り返るに留め、「山」の表記を確認しておきたい。

①『古事記』上巻（前掲・第六章）は、オオクニヌシによる国作りの神話である。スクナビコナを失ったオオクニヌシが嘆いていると、光を放ち海上を浮かんで来る神があり、その神は自分を倭の青垣の東山の上に祭るよう指示した。これが「御諸山」の上に坐す神であるとする。

②『古事記』崇神段のオオタタネコ伝承（前掲・第一章）では、オオモノヌシが発生させた疫病の流行を鎮めるため、崇神天皇はオオタタネコを神主に任命し、オオモノヌシを「御諸山」に祭ったとある。

③『古事記』崇神段の苧環伝承（前掲・第六章）は、②に後続する。イクタマヨリビメは毎晩通ってくる男の正体を知るためその衣に麻糸を通した針を刺し、翌朝、その糸を辿っていくと「美和山」の神社に至っていたことから、男が神の子であることを知った。そして、麻糸が三勾残っていたことに因んで、この地を「美和」と呼ぶようになった、というものである。

このように『古事記』には「御諸山」が二例、「三輪山」が一例見られる。前者の表記を用いる①には三輪山の神が登場しており、同じく②でもオオタタネコによる祭祀が行われていることから、松倉が指摘するとおり「御諸山」は祭祀を行う場として描かれている。それに対して、③は「三輪山」という表記であるが、山中に「神の社」が存在することから、この場合も斎場とされていることが明らかである。また、大神氏と結びつく内容ではないにもかかわらず、「三輪山」という表記が用いられている。これは、大神氏が祭祀に関与するようになって以降、そのウジナに因んで「三輪山」と呼称されるようになったという説明と矛盾する。

この点について松倉は、この所伝は大神氏が祭祀を行うようになってから述作されたものであり、「御諸山」と記されるべきであったとする。しかし、そのように考えるならば、オオタタネコの活躍を伝える②こそ大神氏にとっては自氏の由緒を示す内容であり、潤色が加えられて然るべきである。肝心の②が「御諸山」とされ、③だけが「三輪山」に改変されたというのは不自然である。むしろ、③は「美和」の地名起源伝承になっていることから、地名の「美和」に対応させて、「三輪山」の表記を採用したと考えるのが穏当だろう。

このように『古事記』の三例からは、「御諸山」という表記が、斎場の意味で用いられていることが確認できる。また、③の「三輪山」という表記は、地名の起源を説明するための例外的な用例であり、必ずしも大神氏との関係によって採用されたわけではないと言える。

†『日本書紀』における三輪山の表記

④『日本書紀』神代上第八段一書第六（前掲・第六章）は、①とほぼ同内容である。光を放ち海上を浮かんで来る神が、オオモノヌシに対して「三諸山」に住むことを告げた。これが三輪山の神であるとする。

⑤『日本書紀』崇神十年九月条（前掲・第六章）には、オオモノヌシが自分の正体を見て驚いたヤマトトトヒモモソヒメに怒り、「御諸山」へ帰っていったとある。

⑥『日本書紀』崇神四十八年正月戊子条（前掲・第二章）には、崇神天皇が後継者を決め

るため夢占いをしたところ、兄の豊城命は「御諸山」に登って東の方角を向き、槍を八回突き出し、刀を八回振るう夢を見た。弟の活目尊も同じく「御諸山」に登って縄を四方に引き渡し、粟を食べに来た雀を追い払う夢を見た。これを聞いた天皇は、豊城命に東国を治めさせ、活目尊には皇位を嗣がせたという。

⑦『日本書紀』景行五十一年八月壬子条（前掲・第二章）には、伊勢神宮に献上された蝦夷が礼を欠いているため、「御諸山」の麓に移住させたとある。

⑧『日本書紀』雄略七年七月丙子条（前掲・第一章）では、雄略天皇が少子部蜾蠃に対して「三諸岳の神」を捕らえて来るように命じ、蜾蠃は「三諸岳」に登って大蛇を捕えてきたと伝えられる。

⑨『日本書紀』敏達十年（五八一）閏二月条（前掲・第二章）では、敏達天皇が蝦夷の魁帥である綾糟を召喚した際、綾糟は初瀬川の中流で「三諸岳」に向かって朝廷に奉仕することを誓っている。

⑩『日本書紀』用明元年（五八六）五月条（前掲・第一章）には、物部守屋の軍勢が到来することを知った三輪逆が、「三諸之岳」の山中に身を隠したとある。

⑪『日本書紀』皇極二年（六四三）是歳条には、

百済の太子余豊《よほう》、密蜂の房四枚《すよつ》を以て、三輪山に放ち養《か》ふ。而して終《つひ》に蕃息《うまは》らず。

とあり、百済より人質として来日していた余豊璋《よほうしょう》（義慈《ぎじ》王の子）が「三輪山」で養蜂を行おうとしたが、蜂がうまく繁殖しなかったとある。

⑫『日本書紀』皇極三年（六四四）六月乙巳条には、

志紀上《しきのかみ》の郡言《まう》さく、「人有りて、三輪山にして猿の昼睡《ひるね》るを見て、窃《ひそか》に其の臂《ただむき》を執《とら》へて、其の身を害《やぶ》らず。猿、猶合《なほ》眠《ねぶ》りて歌ひて曰はく、

向《むか》つ嶺《を》に　立てる夫《せ》らが　柔手《にこで》こそ　我が手を取らめ　誰が裂手《さきで》　裂手そもや　我
が手取らすもや

其の人、猿の歌を驚き怪《あやし》びて、放捨《す》てて去りぬ」といふ。

とある。この記事は、ある人が「三輪山」で昼寝をする猿を見つけて腕を捕らえたところ、猿が眠ったまま歌を詠んだ、という不思議な出来事を伝えている。この歌は、山背大兄王が蘇我入鹿に襲撃されたことの予兆であったという。

以上のように、『日本書紀』における表記には「御諸山」「三輪山」どちらのパターンも

見られる。ただし、「御諸山」の表記が用いられる④⑤⑥⑦⑧⑨は、『古事記』と同様、神が坐す聖なる場や、祭祀を行う場として描かれている。残る⑩では、物部守屋の軍勢に追われた逆が「三諸之岳」に逃げ込んでいるが、これは単に山中に潜んで難を逃れたということでなく、祭祀を行う場は聖域（アジール）としての機能を有しており、三輪山も平時はたやすく立ち入ることが許されていなかったことを示すと解釈できる（第六章）。

それに対して「三輪山」と表記される⑪と⑫の記事は、ともに大神氏と関係する内容ではなく、祭祀に関するものでもない。注目されるのは、『日本書紀』では「御諸山」という表記が⑩を最後に用いられなくなり、⑪以降は「三輪山」に統一されていることである。⑩は六世紀後半、⑪は七世紀前半の記事であるから、六世紀と七世紀の間に表記の境界が存在することになる。このことは、三輪山周辺から出土する祭祀遺物が六世紀代にピークを迎え、七世紀前半に入ると急速に減少することと対応している。

とするならば、「御諸山」と「三輪山」の書き分けには、その時期における祭祀の実施状況が反映しているのではないだろうか。つまり、三輪山で実際に祭祀が執り行われていた時期の伝承では、三輪山は斎場の意味で「御諸山」と表記されたが、七世紀に入るとそうした意義が薄れたため、以降は地名により「三輪山」と表記されるようになったのであり、このような祭祀の段階差が『古事記』『日本書紀』では「御諸山」と「三輪山」という用字の違いに表れたものと考えられる。したがって、天皇家が祭祀に関与していた段階は「御諸山」と表記され、大神氏が祭祀を担当するようになってからは「三輪山」と表記されたという従来の理解は、再検討の余地があると言える。

3 大神氏と三輪山祭祀の関係

†特牛の尻付の史料性

『大神朝臣本系牒略』『三輪高宮家系図』の特牛の尻付(前掲・第一章)には、欽明元年(五四〇)に三輪特牛が三輪山の神を祭ったことが「四月祭」の起源であると記されている。二段階説では、この尻付は大神氏が欽明朝(六世紀中葉)から三輪山祭祀に従事するようになったことを示すものと解釈し、それ以前は天皇家が三輪山での祭祀を執り行っていたと論じてきた。(25)

しかし、その際に参照されたのは『三輪高宮家系図』だけであり、『大神朝臣本系牒略』は取り上げられていなかった。じつは、二段階説が発表された当時は、大神氏の系図としてはもっぱら『三輪高宮家系図』が利用されており、『大神朝臣本系牒略』はまだ学界に広く知られていなかったのである。

『大神朝臣本系牒略』は平安時代の初め頃に提出された大神氏の本系帳を下敷きとし、江戸時代の寛政三年（一七九一）から十一年（一七九九）の間に作成された。一方、『三輪高宮家系図』は『大神朝臣本系牒略』を増補して、明治十六年（一八八三）から二十六年（一八九三）の間に作成されたものである。こちらは、明治五年（一八七二）に神主の世襲制が廃止されたことにともない、大神神社の神職を失った大神氏の当主が、自氏の歴史を後世に伝えるために編纂した系図であり、記載内容の選別を行い、体裁を整えるなど、かなり手が加えられている。そのため、両書に同じ内容の記述がある場合には、『三輪高宮家系図』よりも、そのもとになった『大神朝臣本系牒略』を重視する必要がある。(26)

そこで『大神朝臣本系牒略』に目を向けると、特牛の尻付の末尾には「字類抄」とある。これは出典を示している。「字類抄」とは、和語・漢語を最初の音により分類した古字書の『伊呂波（色葉）字類抄』を指すと思われるが、ほかにも『世俗字類抄』『平他《ひょうた》字類抄』『要略字類抄』『八部字類抄』『歌苑字類抄』『年号字類抄』『元号字類抄』『十三家字類抄』などがあり、この箇所の「字類抄」がどれを指しているのかは不明である。ちなみに『伊呂波字類抄』波・仁・於・見　諸社項には、大神神社に関する説明が掲載されているが、写本ごとに内容が異なることもあり、特牛の尻付のもとになったと思われる記述は検出できない。

ただし、このような出典が明記されていることは、『大神朝臣本系牒略』の編者が参照した「字類抄」に、特牛の尻付に関連する何らかの情報が掲載されていたことを示している。そうでなければ、わざわざ「字類抄」と書く意味がない。つまり、『大神朝臣本系牒略』の編者は「字類抄」を参照して、欽明朝に「四月祭」が始まったのではないかという考証を行い、特牛の尻付を記したということになる。よって、尻付のどこまでが原資料にあった記述で、どこまでが編者の考証なのかが判別できない限り、この一文をそのまま史実と受け取って、欽明朝から大神氏が三輪山祭祀に従事するようになったと主張することは難しいと思われる。

なお、『大神朝臣本系牒略』では「欽明天皇」のように漢風諡号《かんぷうしごう》（漢字二文字で表記する天皇の贈り名）が用いられているのに対し、『三輪高宮家系図』では「金刺宮御宇」のように宮号で天皇名を表記している。この点に関して、後者の方が古い表記であり、「欽明天皇」から「金刺宮御宇」に書き直す必然性はないこと、および『大神朝臣本系牒略』には出典が掲載されていても、その出典に該当する記事が見られない場合もあることなどから、特牛の尻付は『大神朝臣本系牒略』と『三輪高宮家系図』に「共通する先行史料」(27)から引用したものであり、記載内容の信憑性を否定するには及ばないとする見方もある。

しかし、同じ古代氏族の系図でも、たとえば『粟鹿大神元記』の天皇名については、明治時代の書写の際に改変が加えられ、漢風諡号を宮号による表記に書き換えたことが確認されている。(28) したがって、天皇名に宮号を用いる写本が古く、漢風諡号を用いる写本が新しいとは必ずしも断定できない。また、もしかりに『大神朝臣本系牒略』と『三輪高宮家系図』のこの箇所が「共通する先行史料」からの引用であったとしても、それがいかなる内容であるかが分からない以上、信憑性の評価には慎重を期すべきだろう。

†鎮花祭と大神祭（四月祭）

さらに、特牛の尻付をめぐっては、もう一つ重大な問題がある。第六章で述べたとおり、三輪山の神は本来的に複数の性質を包摂する存在であり、王権にとって手厚く祭れば平和や豊穣をもたらしてくれる国家の守護神であるが、時にその神威は疫病の形で発現することがあった。そうした祟り神（疫病神・行疫神）としての性質を鎮めるための祭祀は、律令制下の鎮花祭《はなしずめのまつり》に継承された。『令義解《りょうのぎげ》』神祇令季春《すえのはる》条には、

> 鎮花祭とは、謂ふこころ、大神・狭井《さい》の二祭なり。春、花の飛散の時に在りて、疫神《えきしん》分散して癘《れい》を行ふ。その鎮遏《ちんあつ》の為に、必ずこの祭りあり。故、鎮花《はなしずめ》といふ。

鎮花祭（大神神社提供）

とある。この条文では、春に花が散るのにあわせて「疫神」（疫病をもたらす神）が分散して人々に「癘」（疫病）をもたらすとの信仰から、それを「鎮遏」する（鎮める）ため、大神神社とそのすぐ北に位置する摂社の狭井神社（桜井市三輪字狭井）において、毎年「季春」（旧暦三月）に鎮花祭を執り行うことが規定されている。実際、古代に発生した疫病のうち、四四％は三月から五月までの間に集中しているとのデータもある。[29] 古代の人々は、疫病が発生しやすい時期を経験的に熟知していたのだろう。

　鎮花祭の実施に当たっては、『令集解』神祇令季春条令釈《りょうしゃく》に、

　　釈《しゃく》に云はく、大神・狭井の二処の祭なり。

大神は、祝部《はふりべ》、神祇官の幣帛を請ひ受けて之を祭れ。(略)古記に別无《な》し。

とあり、大神神社から祝部が神祇官(朝廷および全国諸社の祭祀を統括する中央官庁)へ派遣され、そこで幣帛(神へささげる供物《くもつ》)をもらい受け、神社に戻って祭祀を行った。

祝部とは神社の守衛や清掃に当たる下級の神職であり、神戸《かんべ》(租税を神社に納める戸)の中から選ばれた(『令義解』職員令1神祇官条など)。大神神社は大和国の四五戸をはじめ、全国に計一六〇戸もの神部を所有しており(『新抄格勅符抄』大同元年牒)、その中から複数名の祝部が神社に奉仕したことが確認できる(天平二年〈七三〇〉「大倭国正税帳」[30])。

よって、鎮花祭においては、国家が奉幣使《ほうへいし》(幣帛を奉納するため神社に派遣される使者)を通じて三輪山の神を直接祭るのはなく、大神神社の祝部を媒介して願意が伝達された。また、『古事記』『日本書紀』のオオタタネコ伝承では、天皇は託宣に従い、大神氏の祖であるオオタタネコを神主に任命して祭祀を行わせている。藤森馨はこれらのことから、国家が三輪山の神のような在地の神を祭る場合には、在地の氏族を通して間接的に奉祭する体制を取っており、天皇家といえどもその祭祀に介入することはできなかったと論じている[31]。

このことは、『日本書紀』の文脈にも明確に表れている。『日本書紀』崇神六年条(前掲・第六章)の笠縫邑伝承では、皇祖神アマテラスを天皇家の皇女トヨスキイリヒメが祭ると成功したが、オオクニタマを皇女ヌナキイリヒメが祭ったところ、「髪落ち体瘦《やすか》みて、祭《いはひまつ》ること能《あた》はず」とあり、髪が抜け、体が衰弱してしまい、祭祀は失敗に終わった。この記事に続く『同』崇神七年二月辛卯条・十一月己卯条（前掲・第一章）のオオタタネコ伝承でも、天皇がオオモノヌシを祭ったところ、「然れども猶、事に於《し》て験《しるし》無し」とあるように、全く効果がなかった。しかし、託宣のとおりにオオタタネコにオオモノヌシを祭らせ、さらに大倭氏の祖のナガオチにもオオクニタマを祭らせたところ、疫病は鎮まったとされている。

これら一連の流れからも、やはり天皇や皇女がオオモノヌシやオオクニタマといった在地の神を直接祭っても効果が得られず、その地域の氏族を介することではじめて祭祀が成立するという暗黙のルールがあったことが読み取れる。とすれば、五世紀後半から六世紀代にかけて行われた三輪山祭祀の場合も、天皇家は祭祀を主催する（間接的に祭祀に関与する）のみであり、その祭祀を実際に執行する（直接的に祭祀に従事する）ことが大神氏の職掌であったと考えることができる。

さて、こうした国家祭祀とは別に、大神氏の守護神（氏神・祖先神）としての三輪山の神に対する氏神祭祀は、いま述べてきた鎮花祭ではなく、旧暦の四月と十二月の上卯の日に大神神社で行われる大神祭《おおみわさい》に引き継がれた（『延喜式』内蔵寮8大神祭条など）。氏神祭祀とは、各氏族が氏人（氏族の構成員）を集めて、毎年春と秋に本貫地の神社で祖先神を祭るものである。藤原氏（『続日本紀』宝亀八年〈七七七〉七月乙丑条）、大伴氏（『万葉集』三―三七九・三八〇）、小野氏（『続日本後紀』承和元年〈八三四〉二月辛丑条）などが氏神を祭った例が記録に残っているが、基本的にどの氏族においても行われるものであった。

　このように、国家が大神氏を介して執行する公的な祭祀（のちの鎮花祭）と、大神氏が自氏の氏神を祭る私的な祭祀（のちの大神祭）とでは、その意味合いに大きな違いがあったのである。

　これまで二段解説が問題にしてきたのは、三輪山において行われる国家祭祀であった。それに対して、特牛の尻付には「四月祭」とあり、これはあくまでも大神氏の氏神祭祀である四月の大神祭に関する説明である。したがって、特牛の尻付は、大神氏が欽明朝から三輪山での国家祭祀に関与するようになったことを意味するものでない。この尻付から何かを読み取るのであれば、現状では、大神氏の氏神祭祀が特牛の代に始まった可能性がある、という程度に留めておくべきだろう。

†大神氏の盛衰と祭祀遺物の年代

　では、大神氏はどのような形で三輪山での国家祭祀に関与していたのだろうか。最後にもう一度、大神氏の足跡を振り返ってみよう。

三輪山祭祀を開始したと伝えられるオオタタネコは、大神氏と賀茂氏などとの「共通の祖」として扱われている（『古事記』崇神段・『日本書紀』崇神八年十二月乙卯条）。次のオオトモヌシは大神氏の「単独の祖」であり（『日本書紀』垂仁三年三月条）、仲哀朝における四大夫の一人として登場するが、この時に登場する氏族の構成は七世紀の議政官のそれと一致していることから、この記事は潤色を受けている。よって、オオタタネコとオオトモヌシの実在性はともに低いと見られる。

上記の二人との間に段階差が認められるのが、五世紀後半の身狭である。オオタタネコやオオトモヌシは大神氏の「祖」とされていたが、身狭にはそうした記載が見られず、しかも『大神朝臣本系牒略』では身狭の前の代まで語尾に「命」が付されているのに対し、身狭以降は付されていないことから、身狭は『古事記』『日本書紀』に登場する大神氏の中で、実在した最初の人物であると考えられる。また、身狭は大泊瀬皇子と御馬皇子の皇位継承争いに関わって登場しており、御馬皇子から救援を求められていることから（『同』雄略即位前紀）、大神氏はこの時期から徐々に勢力をつけてきたと推測される。

続いて六世紀後半には、逆が敏達天皇から「内外の事」を委ねられ、その「寵臣」として活躍した（『同』敏達十四年八月己亥条・用明元年条）。逆が台頭した要因としては、私部の設置に関わるなど、内廷との結びつきを強めたことが大きかったと思われる。しかし、その逆も敏達天皇の殯宮で穴穂部皇子の怒りを買い、その命を受けた物部守屋に攻め滅ぼされてしまった。この時には、逆だけでなく、その二人の子までも殺害された。これ以降、大神氏は約半世紀もの間、活躍が全く知られないことから、逆が殺害されたことを機に衰退したことがうかがえる。

このように概観すると、五世紀から七世紀における大神氏の盛衰は、三輪山周辺から出土する祭祀遺物の傾向と奇しくも一致していることが分かる。すなわち、身狭が登場した五世紀後半に祭祀遺物が増加し始め、逆が台頭した六世紀代には祭祀遺物の出土量がピークに達し、逆の失脚により勢力を失った七世紀前半以降は祭祀遺物が急激に減少するのである。

とするならば、五世紀後半に三輪山で国家祭祀が本格的に開始された際、大神氏は王権のもとでその執行を担ったことにより台頭し、六世紀を通じて祭祀が最盛期を迎えるとともに、大神氏も氏族として発展したが、七世紀に入り祭祀が変容したことにともなって、大神氏の活躍も低調になったと理解できる。したがって、大神氏は欽明朝から三輪山祭祀に従事するようになったのではなく、五世紀後半から六世紀後半まで、天皇家が主催する三輪山での国家祭祀を執行する役割を一貫して担っていたと考えられる。

なお、七世紀に入って三輪山祭祀が衰退・変容した要因としては、逆が殺害されたことで、祭祀の担い手である大神氏が勢力を失ったこともあったと思われるが、それだけではあるまい。六世紀後半からは伊勢神宮の整備が始まり、宮廷祭祀を掌る中臣氏・忌部氏が台頭するなど、新たな祭祀の体制が整えられていった。[32] また、欽明・敏達・用明・崇峻の各天皇の宮は三輪山の周辺に営まれていたが、推古天皇以降の宮は飛鳥地方へと移ってしまった。こうした中で、王権にとっての三輪山の位置づけが変化していったのだろう。

しかし、大神氏が歴史の中に消え去ることはなかった。彼らは対外交渉の分野などに活躍の場を広げ、壬申の乱における高市麻呂の活躍によって、再び歴史の表舞台に戻ってきたのである。そして、すでに述べたように、奈良時代以降も中央貴族の一員としての命脈を保ちながら、大神神社の祭祀と信仰を後世へ連綿と受け継いでいったのであった。

注

（1）谷川士清『石剣頭考』（一七七四年）、藤貞幹『集古図』（一七九二〜九七年）。

（2）大場磐雄「磐座・磐境等の考古学的一考察」（『考古学雑誌』三二―八、一九四二年）、同「三輪山麓発見古代祭器の一考察」（『古代』三、一九五一年）。

（3）樋口清之「三輪山上に於ける巨石群」（『考古学研究』一、一九二七年）、同「神体山の考古学的

背景」（大神神社史料編修委員会編『大神神社史』吉川弘文館、一九七五年）。
（4）寺沢薫「三輪山麓出土の子持勾玉をめぐって」（奈良県立橿原考古学研究所編『大神神社境内地発掘調査報告書』大神神社、一九八四年）、同「三輪山の祭祀遺跡とそのマツリ」（和田萃編『大神と石上』筑摩書房、一九八八年）。
（5）小池香津江「三輪山周辺の祭祀遺跡」（三輪山文化研究会編『神奈備・大神・三輪明神』東方出版、一九九七年）。
（6）樋口清之「三輪山上に於ける巨石群」（前掲）。
（7）『大神神社史料』所収。
（8）『大神神社史料』所収。
（9）『大神神社史料』所収。
（10）白井勇「大神神社「御主殿」跡攷」（奈良県立橿原考古学研究所編『大神神社境内地発掘調査報告書』前掲）。
（11）小池香津江「三輪山周辺の祭祀遺跡」（前掲）。
（12）寺沢薫「三輪山の祭祀遺跡とそのマツリ」（前掲）。
（13）高橋健自・西崎辰之助「三輪町大字馬場字山の神古墳」（『奈良県史跡勝地調査会報告書』七、一九二〇年）。
（14）樋口清之「奈良県三輪町山ノ神遺蹟研究」（『考古学雑誌』一八－一〇・一二、一九二八年）。
（15）大場磐雄「三輪山麓発見古代祭器の一考察」（前掲）。
（16）佐々木幹雄「三輪と陶邑」（『大神神社史』吉川弘文館、一九七五年）。
（17）佐々木幹雄「三輪山及びその周辺出土の子持勾玉」（『古代』七一、一九八二年）、寺沢薫「三輪

山麓出土の子持勾玉をめぐって」（奈良県立橿原考古学研究所編『大神神社境内地発掘調査報告書』前掲）、佐々木幹雄「子持勾玉私考」（滝口宏編『古代探叢』早稲田大学出版部、一九八五年）、大平茂「三輪山麓出土の子持勾玉祭祀とその歴史的背景」（椙山林継・山岸良二編『原始・古代日本の祭祀』同成社、二〇〇七年）。

(18) 寺沢薫「三輪山の祭祀遺跡とそのマツリ」（前掲）。

(19)『桜井市松之本遺跡出土子持勾玉報道発表資料』（橿原考古学研究所、二〇一二年三月八日）、『奈良県遺跡調査概報』二〇一一年度第二分冊（橿原考古学研究所、二〇一二年）。

(20) 寺沢薫「三輪山の祭祀遺跡とそのマツリ」（前掲）。

(21) 樋口清之「大三輪古代文化の成立」（『大三輪町史』一九五九年）、石野博信「四・五世紀の祭祀形態と王権の伸張」（『ヒストリア』七五、一九七七年）。

(22) 寺沢薫「三輪山の祭祀遺跡とそのマツリ」（前掲）。

(23) 松倉文比古「御諸山と三輪山」（『日本書紀研究』一三、塙書房、一九八五年）、同「三輪の御諸山」（『大美和』八一、一九九一年）。

(24) 西宮一民「かむなび・みむろ・みもろ」（『上代祭祀と言語』桜楓社、一九九〇年）。

(25) 和田萃「三輪山祭祀の再検討」（『日本古代の儀礼と祭祀・信仰』下、塙書房、一九九五年、初出一九八五年）。

(26) 拙稿「『大神朝臣本系牒略』の史料的性格」（『大神氏の研究』雄山閣、二〇一四年、初出二〇〇五年）、拙稿「『大神朝臣本系牒略』の編纂と原資料」（『日本古代の氏族と系譜伝承』吉川弘文館、二〇一七年、初出二〇一五年）。

(27) 仁藤敦史「欽明期の王権と出雲」（『出雲古代史研究』二六、二〇一六年）。

(28)中村一紀「『谷森靖斎翁雑稿』の『粟鹿大神元記』」(『国書逸文研究』一八、一九八六年)。
(29)新村拓「平安の都人を襲った病」(同編『日本医療史』吉川弘文館、二〇〇六年)。
(30)『大日本古文書』一—三九六。
(31)藤森馨「鎮花祭と三枝祭の祭祀構造」(『古代の天皇祭祀と神宮祭祀』吉川弘文館、二〇一七年、初出二〇〇八年)。
(32)直木孝次郎「天照大神と伊勢神宮の起源」(『日本古代の氏族と天皇』塙書房、一九六四年、初出一九五一年)、岡田精司「伊勢神宮の起源」(『古代王権の祭祀と神話』塙書房、一九七〇年、初出一九六〇年)。

あとがき

本書は、筆者にとって七冊目の単著となる。これまでに発表した著書・論文の中から、関連するものをピックアップして再構成し、一般向けの新書として書き下ろした。論旨は初出時から大きな変更はないが、とくに第七章をはじめとして、発表後に得られた新たな知見を各所に盛り込んでいる。学術的な水準を維持しつつ、平易な説明を心がけたつもりである。

執筆を思い立ったきっかけは、ここ数年続いているコロナ禍である。これまで論文や講義で幾度となくオオタタネコ伝承を扱ってきたが、「国内《くにのうち》に疾疫《えやみ》多くして、民《おほみたから》死亡《まか》れる者有り」という状況が、まさに自分の眼前で起ろうとは予想だにしなかった。現代の我々でさえ、疫病（伝染病・感染症）は恐ろしい。ましてやその正体も分からず、ワクチンも特効薬も持たない古代の人々にしてみれば、なおさらだろう。

人類と疫病との関わりについては、すでに歴史学の分野からも非常に多くの研究が発表されている。しかしながら、疫病と古代氏族の関係にスポットを当てた研究は、意外なことにほとんどないように思われた。そこで、この機会に改めて自説をまとめ直し、疫病に関わる伝承を持つ大神氏という氏族について、歴史学や古代史の枠を越えて、より多くの方々に知ってもらいたいと考えた次第である。

大神氏は、祖先が疫病を鎮めたとする伝承を、自分たちが王権に仕える正統性を示す「奉事根原」として語り継いだ。それは、三輪山の神が持つ祟り神（手厚く祭れば平穏や豊穣をもたらし、疫病を鎮めてくれる神）としての性質がクローズアップされるようになり、国家祭祀の一つとして鎮花祭が整備されていくのと連動して、『古事記』『日本書紀』に収められた。歴史書への載録は、氏族の主張が国家によって公認されたことを意味する。大神氏は、疫病の記憶を伝え、自氏のアイデンティティをその鎮静に求めることで、鎮花祭の担い手としての地位を獲得し、血統と信仰を後世まで長く保つことに成功したのである。

こうした古代氏族の姿に目を向けることは、王権によるマツリゴト（政事・祭事）の特質や、古代人の心のあり方を問うだけでなく、現代の状況を相対化し、客観的に見つめ直すための一助にもなるはずである。我々は今回の経験を事態の収束後も忘れ去ることなく、子供たちの世代へどのように語り継いでいくべきだろうか。難しい課題ではあるが、引き続き答えを探してまいりたい。

本書の刊行に当たっては、筑摩書房第二編集室部長・ちくま新書編集長の松田健氏に終始行き届いたご配慮を賜った。ここに記して謝意を表したい。

最後に、いつも私を支えてくれている妻と娘、そして両親に心より感謝するとともに、本書を捧げることをお許しいただきたい。

なお、本書は成城大学特別研究助成による研究成果の一部である。

二〇二二年十一月十日

鈴木正信

ちくま新書
1703

古代豪族《こだいごうぞく》 大神氏《おおみわし》
——ヤマト王権《おうけん》と三輪《みわ》山《やま》祭祀《さいし》

二〇二三年一月一〇日 第一刷発行

著者 鈴木正信（すずき・まさのぶ）

発行者 喜入冬子

発行所 株式会社 筑摩書房
東京都台東区蔵前二－五－三 郵便番号一一一－八七五五
電話番号〇三－五六八七－二六〇一（代表）

装幀者 間村俊一

印刷・製本 株式会社 精興社

ISBN978-4-480-07535-2 C0221

ちくま新書

1300
古代史講義
——邪馬台国から平安時代まで
佐藤信編
古代史研究の最新成果と動向を一般読者にわかりやすく伝えるべく15人の専門家の知を結集。列島史の全体像が1冊でつかめる最良の入門書。参考文献ガイドも充実。

1391
古代史講義【戦乱篇】
佐藤信編
日本の古代を大きく動かした15の戦い・政争を最新研究に基づき正確に叙述。通時的に歴史展開を見通すとともに、時代背景となる古代社会のあり方を明らかにする。

1480
古代史講義【宮都篇】
佐藤信編
飛鳥の宮から平城京・平安京などの都、太宰府、平泉まで古代の代表的宮都を紹介。最新の発掘・調査成果をもとに都市の実像を明らかにし、古代史像の刷新を図る。

1579
古代史講義【氏族篇】
佐藤信編
大伴氏、物部氏、蘇我氏、藤原氏から源氏、平氏、奥州藤原氏まで——各時期に活躍した代表的氏族の展開を、最新研究から見通し、古代社会の実情を明らかにする。

1497
人事の古代史
——律令官人制からみた古代日本
十川陽一
報復左遷、飼い殺し、飼い慣らし……。天皇を中心に国を統治をするために様々な人の差配が必要となった。国家の礎となる官人とその支配制度に光を当てた一冊。

1207
古墳の古代史
——東アジアのなかの日本
森下章司
社会変化の「渦」の中から支配者が出現した、古墳時代の中国・朝鮮・倭。一体何が起こったのか。日本と他地域の共通点と、明白な違いとは。最新考古学から考える。

1555
女帝の古代王権史
義江明子
古代天皇継承は女系と男系の双方を含む「双系」的なものだった。卑弥呼、推古、持統らに焦点を当て古代王権史を一望。男系の万世一系という天皇像を書き換える。